나는 강의하는 간호사입니다

나는 강의하는 간호사입니다

초판 1쇄 발행 | 2022년 8월 23일

지은이 | 김옥수
펴낸이 | 김지연
펴낸곳 | 생각의빛

주 소 | 경기도 파주시 한빛로 70 515-501
출판등록 | 2018년 8월 6일 제 406-2018-000094호

ISBN | 979-11-6814-010-3 (03190)

원고 투고 | sangkac@nate.com

ⓒ김옥수, 2022

* 값 14,500원

* 생각의빛은 삶의 감동을 이끌어내는 진솔한 책을 발간하고 있습니다.
참신한 원고가 준비되셨다면 망설이지 마시고 연락주세요.

나는 강의하는 간호사입니다

김옥수 지음

생각의빛

힐러가 되고 싶은 분들에게

부재중 전화가 한 통 와 있었습니다. 등록이 되어 있지 않은 번호라 망설이다가 전화를 걸었습니다. 수업을 계속 듣고 싶었으나 남편 건강 상태가 안 좋아져서 더 이상 수업을 들으러 갈 수가 없게 되었다는 말씀을 하셨습니다. 그러나 수업을 듣는 일주일 동안 많은 것을 느끼고 배웠기에 꼭 전해 드리고 싶은 말이 있어서 전화를 하셨다는 내용입니다.

전화기 너머로 들려오는 목소리는 72세의 나이로 요양보호사 자격증에 도전하셨던 제자 선생님이셨습니다. 남편의 돌봄을 전문적으로 하고 싶어 늦은 나이에 공부하러 오셨지만 공부보다 우선이 있다는 것을 알게 되었다고 하셨습니다.

일주일 동안 진행한 수업은 치매를 가진 대상자를 돌보는 돌봄에 관한 내용이었습니다. 치매 돌봄을 할 때 기억해야 할 문장이 하나 있습니다.

"치매를 돌보는 것이 아니라 치매를 가진 사람을 돌보는 것이다."

'휴머니 튜트'라는 말이 있습니다. 휴먼(Human)과 태도(Attitude)의 합성어로 인간을 대하는 태도를 말합니다. 사람이 여러 가지 기능이 서하되어 타인에게 의존하지 않으면 안 되는 상황이 되었다고 해도 삶의 마지막 순간까지 존엄을 받고 살며 그 생애를 통해서 사람다운 존재로 있기 원합니다. 케어를 행하는 사람들이 케어 받는 대상자에게 '당신의 일을 저는 중요하게 생각하고 있습니다.'라는 메시지를 보내주는 케어법입니다.

결국 '사람다움'을 존중하는 상황이 최고의 돌봄이라는 것입니다. 소설 〈로빈슨 크루소〉의 주인공은 무인도에서 혼자 사는 동안에 서서히 인간다움을 잃고 짐승 같은 존재가 되어버렸습니다. 그러나 홀로 섬 생활을 한 지 3년 가까이 되던 어느 날, 프라이데이를 맞 딱 드린 일로 인간세계로 되돌아갈 수 있었습니다. 주변으로부터 주목받는 일도, 이야기를 듣는 일도, 접촉 받은 일도 없었던 사람은 무인도에서 고독한 생활을 보내던 로빈슨 크루소와 다르지 않습니다. 케어 하는 우리가 프라이데이가 되어 주어야 합니다. 누군가에게 프라이데이와 같은 사람이 되어 줄 수 있다면 그것보다 행복한 삶은 없을 것입니다.

강사인 저 역시 치매를 공부하며 많은 것을 배우고 경험하고 있습니다. 그러나 마지막은 항상 같은 공식으로 끝납니다. 돌봄에서 가장 중요한 것은 사랑하는 마음을 놓치지 않는 것입니다.

이 내용을 듣고 전문적인 지식보다 아내의 자리를 빈자리로 두지 않는 것이 우선이 되어야겠다는 다짐을 했다고 합니다. 아내가 수업을 들으러 간 사이 혼자 남은 남편은 밥도 먹지 않고 남기는 날이 더 많았고, 말수도 줄어들어 인지 상태가 공부하러 오기 전보다 안 좋아졌다는 것입니다. 이런 이유로 중도 포기를 결정했고, 깨달음을 준 마음이 감사해서 연락을 하신 것입니다. 전화를 끊고 한동안 가슴이 먹먹했습니다. 그리고 가슴에 넣어두었던 문장 하나를 꺼내어 외쳐 봅니다.

"나는 힐러(치유자)입니다."

이 문장입니다. 강사가 천직이라고 자신 있게 말할 수 있게 된 날부터 더 이상 할 수 없을 때까지 지워지지 않길 바라며 가슴 한쪽에 새겨 둔 말입니다.

전문적인 지식을 갖춘 뛰어난 강사들은 많습니다. 그런 강사들을 따라갈 수 없다는 것을 이미 알고 있었습니다. 전문적인 지식을 전달하기보다 마음을 따뜻하게 하는 강사가 되고 싶었습니다. 저의 강의를 통해 가슴속에 묻어 두었던 아픔, 상처, 힘듦을 잠시 씻어내고 그 자리에 용기, 희망, 사랑을 담아갈 수 있다면 강사 자리에 서야 할 이유는 충분하니까요. 72세 늦깍이로 공부하겠다고 다짐했던 마음도 쉽지 않으셨을 텐데 중도 포기는 더 많은 용기가 필요한 일입니다. 중도 포기를 하며 지켜낸 것은 아내의 자리를 빈자리로 두지 않는 사랑이었습니다.

스스로 '힐러'라는 말을 외칠 수 있을 때까지 오랜 시간이 필요했습니다. 사실 시간보다 더 필요한 것은 노력이었습니다. 무조건적인 노력이 아닌 전략을 가진 노력입니다.

초보운전을 하던 시절이 있었습니다. 목적지를 내비게이션에 입력하니 고속도로를 경유해서 가라고 합니다. 처음 고속도로를 경유하는 운전이라 걱정이 되었지만 해보기로 했습니다. 목적지를 향해 달리고 있었는데 출구를 지나쳐 버렸습니다. 등 뒤에서 쏟아지는 식은땀과 왜 고속도로로 들어와서 이런 상황을 만들었는지 두려움에 휩싸인 적도 있었습니다.

고속도로는 간호사로 살아가려고 들어선 길과 같았습니다. 대학병원 간호사부터 간호사 강사가 되기까지 후진을 할 수 없었기에 오로지 직진을 하며 운전해 왔습니다. 초보운전자여서 목적지에 도달하는 출구를 지나가 본 적도 있고, 미숙함에 한없이 작아져서 후진하고 싶었던 적도 있었습니다. 그러나 포기하지 않았습니다. 초보자의 미숙함을 인정하고, 미숙함을 채워갈 노력을 했습니다. 조금씩 미숙함을 채우다 보니 완숙은 아니어도 반숙이 되어가긴 합니다. 그리고 오늘도 이 길을 걷고 있었습니다. 후진할 수 없을 때는 그냥 직진하세요. 그러나 살피면서 직진하세요.

15년이라는 간호사 강사의 길을 달려오고서야 원하는 목적지를 향해가는 출구를 찾을 수 있었습니다. 이 출구까지 오는 과정 속의 이야기를 담은 책입니다. 강사를 꿈꾸는 분들뿐만 아니라 보이지 않는 꿈을 현실로 만들어 가고자 하는 분들에게 마음의 안정을 가져다주는 치유제가 되었으면 좋겠습니다. 몸이 아파 약을 먹을 때 약을 먹고 증상이 완전히 치유되지 않더라도 약을 먹는 순간부터 마음이 달라집니다. 편안해지는 기분을 느낄 수 있거든요. 이 책이 그런 기분으로 다가갔으면 좋겠습니다.

저는 이 출구를 나가는 순간 어떤 모습과 마주하게 될지 알 수 없습니다. 그러나 새로운 모습과 마주한다고 하더라도 후진 없이 조심히 살피며 출구를 향해 달려왔던 직진의 방법으로 다시 운전해서 가려고 합니다.

'이룩할 수 없는 꿈을 꾸고, 이루어질 수 없는 사랑을 하고, 이길 수 없는 적과 싸움을 하고, 견딜 수 없는 고통을 견디며, 잡을 수 없는 저 하늘의 별을 잡자.' 돈키호테의 명언이자 인생의 명언이 내 삶의 운전대를 잡고 있기 때문입니다.

제1장
열 분의 감동스토리

특별과외 쿠폰

우리집 여자들은 모두 전문가입니다

"시험은 안 보면 안 돼? 자신이 없는데. 그리고 시험에 불합격 되면 창피한 일이잖아."

"엄마, 시험에 불합격될 수도 있지. 그게 창피한 일이야?"

"아니, 딸이 강사인데 엄마가 불합격되면 네가 창피해질까 봐 그러지."

친정엄마는 목 디스크 수술을 하고 회복을 위해 잠시 직장을 휴직한 상태입니다. 활발하게 사회활동을 즐기시는 성격이 아니다 보니 휴직을 한 동안에도 집에서 지내는 시간이 많았고, 약간의 우울증 증상도 겪고 있었습니다.

아무것도 하지 않고 온종일 집에서 텔레비전과 전쟁을 하는 것보다 밖으로 나가 활동하는 것이 우울증 개선에 효과가 있어서 요양보호사 자격증 공부를 해 보자는 제안을 했습니다. 엄마는 어릴 적에 부모님이 돌아가셔서 생업 전선에 일찍 들어 선 분입니다. 초등학교만 졸업하다 보니 공부라는 것을 두려워하셨습니다. 합격 보다 불합격을 먼저 걱정했고, 배우는 즐거움보다 이해할 일을 더 걱정하고 계셨으니까요. 그러나 지속적인 권유로 수강 신청을 했습니다. 수업을 듣는 동안에도 며칠 출석을 하시고 그만두고 싶다고 말씀하셨습니다. 현장실습(요양원, 주간보호센터)에 참석해야 할 때도 한 숨소리가 집안 한가득 울려 퍼졌습니다. 유일하게 해 드릴 수 있는 말은 "엄마, 할 수 있어요. 일단 하루만 해 보세요." 이 말뿐이었습니다.

수업과 실습은 시간을 견디며 잘 지나갔습니다. 그러나 마지막 관문인 시험을 앞두고는 매일 전화벨이 울렸습니다.

"시험 어떻게 보지? 책을 봐도 무슨 말인지 하나도 모르겠는데. 큰일이다. 이러다 너 창피당하면 안 되는데."

엄마가 요양보호사 수업을 들을 당시 저는 종합병원에서 낮에는 연구 간호사로 일하고 밤에는 야간 강사로 강의하고 있었습니다. 엄마는 주간반에서 수업을 들으셨고 저는 야간반 강의를 할 때여서 수업을 직접 해 드릴 수가 없었습니다. 주간반 강사님이 잘 가르쳐 주시겠지만 부족한 부분을 체크하고 도와드리고 싶었습니다. 그래서 전화로 수업 진행 상태부터 이해 여부를 점검해 드리며 메모해 두었습니다.

예정된 날짜대로 시험이 실시되었다면 전화 설명으로 과외를 할 수밖에 없었지만 불행 중 다행이라고 시험을 보던 2015년 메르스로 인해 갑자기 시험이 연기가 되었습니다. 연기된 시간 동안 저는 연구 간호사를 퇴사하고 주간 전임강사로 강의하게 되었습니다. 낮을 이용해서 엄마를 만날 수가 있어서 강의가 끝나고 엄마 집으로 매일 과외를 하러 갔습니다.

이해가 안 된다고 했던 부분은 메모를 보면서 직접 설명도 하고, 문제집에서 틀린 부분도 점검해 드렸습니다. 용어에 관해 설명을 할 때는 무슨 말인지 도통 알아들을 수가 없다고 표정부터 어두워지기 시작하셨습니다. 그러나 엄마를 달래며 이 시간을 견뎠고, 엄마 역시 딸이 애쓰는 모습을 보며 공부에서 손을 놓지 않으셨습니다. 그렇게 연기된 시간은 과외를 할 수 있는 시간이었지만 그보다 엄마와 가까워질 수 있는 선물 같은 시간이 되어 주었습니다.

엄마는 시험 당일 새벽부터 우리 집으로 오셨습니다. 이해가 안 되는 부분이 있다며 알려 달라고 하셨고, 하나씩 점검했습니다. '체위 변경'이라고 대상자의 신체 동작의 움직임을 지원할 때 요양보호사의 위치 및 대상자의 위치를 그림 그리듯 연상하며 풀어야 하는 문제가 있습니다. 이 부분을 설명하기 위해 잠을 자고 있는 어린아이를 깨워 시범 동작을 보여 드렸습니다. 시험 당일 특수과외가 한 번 더 진행된 것입니다. 고개를 끄덕이는 엄마를 보며 다행이다 싶었습니다. 시험 전날까지도 시험 보러 안 가신다고 하셔서 저를 꽤 걱정하게 하셨거든요. 무사히 시험을 마치고 합격자 발표 날을 기다렸습니다. (2015년 당시 요양보호사 시험은 문제가 비공개였기 때문에 합격 여부를 발표 날까지 알 방법이 없었습니다. 현재는 시험 당일 문제와 가답안을 공개해서 합격 여부를 당일 알 수 있습니다.)

시험 종료 3주후쯤 국시원에 접수된 핸드폰 문자로 오전 10시 합격여부가 전송됩니다. 엄마보다 결과가 더 궁금한 사람이 저였습니다. 그래서 아이디와 비번을 국시원 사이트에 입력하고 합격 여부를 확인하기 위해 대기를 하고 있었습니다. '합격'이라는 글자를 확인하고서야 안심이 되었습니다. 엄마에게 바로 전화를 드렸고, 전화상에 들리는 목소리는 그야말로 세상을 다 얻은 사람처럼 기뻐하셨습니다. 엄마가 얻은 기쁨의 두 배, 아니 그 몇 배 이상이 저의 마음에 차올라 왔습니다. 엄마가 해냈다는 그 마음이 기뻤습니다. 그해 시험이 다른 회차 보다 어려웠습니다. 전국 요양보호사 합격률이 낮게 나왔기 때문입니다. 합격 소식을 전하며 엄마에게 해 드렸던 말이 있습니다.

"엄마, 이제 우리 집 여자들은 다 전문가입니다. 큰딸은 간호사, 둘째 딸은 초등학교 교사, 엄마는 요양보호사, 모두 '사' 자로 끝나는 직업이니 이런 집안도 별로 없을 거예요."

엄마는 실없는 소리를 한다고 했지만 초등학교까지만 졸업한 사람이 국가고시에 합격했고, 다른 때 보다 어려웠던 회차의 시험에 합격했으니 대단한 일이 맞습니다. 우리 엄마라는 사실만으로도 자랑스러웠습니다. 그리고 엄마의 자신감에 더하기를 해 준 딸이 된 것 같아 행복했습니다. 현재 엄마는 요양보호사 일을 하지는 않습니다. 그러나 그때 공부하셨던 자신감으로 새로운 일을 도전하시면서 살고 계십니다.

엄마의 합격을 도와드리며 지금도 그때를 떠올려 볼 때가 있습니다. 요양보호사 시험은 나이 제한, 학력 제한이 없는 시험입니다. 그래서 무학인 분들도 가끔 공부하러 오십니다. 입학원서를 쓰시면서 무학이라는 사실을 말하지 않으십니다. 수업을 진행하면서 수업내용이 이해가 안 되거나 모의고사 문제를 풀어보시면서 답을 찾지 못하실 때 답답한 마음을 가지고 상담실로 찾아오십니다. 그리고 걱정 가득한 눈빛으로 무학이어서 무슨 말인지 모르겠다고 도움 요청을 하십니다. 요양보호사 시험은 문장을 읽고 이해를 바탕으로 답을 찾아야 하는데 글자를 읽을 수 없으면 문제의 답을 찾는 것은 어렵습니다.

한글 공부를 먼저 따로 진행합니다. 이렇게 한글 공부를 하시면서 재시를 도전하게 도와드리고 있습니다. 엄마처럼 배움이 짧으셔서 초등학교까지만 졸업하고 오신 분들에게는 엄마 이야기를 전해드립니다. 실제로 있었던 선배의 이야기이니 용기를 내는 데 도움이 되었으면 하는 마음입니다. 그리고 특별과외가 필요하면 언제든지 요청하셔도 된다는 특별과외 쿠폰도 적어드립니다. 쿠폰을 받으며 웃음 지어 보이실 때 마음은 이미 전달이 다 되었다고 봅니다. 엄마를 특별과외 해드렸던 경험이 비슷한 상황에 계신 분들을 이해하는 촉매제가 되어 주었습니다.

엄마, 고맙습니다. 그리고 아주 많이 사랑합니다.

불합격의 돌다리

시험은 개울가에 놓인 돌다리입니다

요양보호사 시험 합격자통보는 국시원에서 수강생들에게 핸드폰 문자로 개별 연락이 갑니다. 합격자 발표를 하는 날 한 통의 문자가 왔습니다.

시험에 불합격이 되었지만 수업을 해주시던 시간이 감사해서 인사를 드린다는 내용이었습니다. 문자를 보는 순간 평생 이분을 기억하기로 했습니다. 합격하여 감사함을 전하는 인사는 많이 받아봤습니다. 그러나 불합격이 되었는데 감사 인사를 전해 주는 분은 처음이었습니다. 이 분 외에 이 글을 쓰는 지금까지도 아무도 없습니다. 이분은 재수하셨고, 재수에서도 불합격이 되었습니다. 그때도 똑같이 문자가 왔습니다. 그래서 저를 더 놀라게 했던 분입니다. 세 번의 도전 끝에 합격하셨습니다. 1년에 3회의 시험을 응시할 수 있었던 해의 일이니 1년 동안 지속해서 공부하셨던 것입니다.

모든 일은 과정과 결과가 있습니다. 우리 눈에 보이는 것은 오로지 결과입니다. 과정은 이미 지나간 상태이니 보이지 않는 것이 당연할 수도 있습니다. 그러나 과정 없이 결과만 있는 일이 있을 까요? 아무것도 없습니다. 과정이 있었기에 결과가 있을 수 있습니다. 과정에서 배우고 얻은 내용만으로도 감사하고자 하는 마음이 생겨야 하는데 과정보다 결과에만 집중하니 과정이 보이지 않을 뿐입니다.

요양보호사는 국가고시에 합격해야 만 자격증을 취득할 수 있는 과정입니다. 강사인 저 역시 간호사 면허증을 소지하기 위해 국가고시에 합격을 한 사람이고요. 간호사와 요양보호사는 자격증 취득과정이 비슷합니다. 교육원 수업을 마치면 현장실습이 있고, 현장실습을 수료하면 국가고시를 응시하게 됩니다. 세 가지 과정을 정해진 기준에 맞게 통과해야만 자격증을 취득할 수 있습니다. 정해진 기준을 한 번에 통과하는 것만큼 기쁜 일은 없습니다. 그러나 한 번에 통과가 안 된다고 자격증 취득이 안 되는 것은 아닙니다.

과정을 물 위에 놓인 돌다리에 비유하고 있습니다. 수업이라는 돌, 실습이라는 돌, 시험이라는 돌입니다. 돌 위에 정확하게 발을 올려놓아야 물에 빠지지 않습니다. 그러나 발을 헛디디거나 방향이 잘못되어 물에 빠진다고 다시 올라가지 못하는 것은 아닙니다. 물에 빠진 상황을 부끄러워하지 않아야 하고, 다시 올라갈 용기만 내어 주면 됩니다. 인생에서 한 번 빠져 다시 올라갈 수 없는 물은 죽음밖에 없기 때문입니다. 죽음이라는 것이 찾아왔을 때 사람의 힘만으로는 물 위로 다시 나올 수 없습니다. 그것은 신의 영역이니까요.

죽음 외에 다시 올라오지 못할 물은 없다고 생각합니다. 젖는 정도가 다르고 젖은 상태를 받아들이는 정도가 다르고, 마르는 시간이 각자 다를 뿐입니다. 이 돌다리는 깊은 물이 아닌 개울가에 놓인 돌다리입니다. 삶의 여정에서 자격증 하나 취득하는 일은 목숨과 바꿀만한 일이 아닙니다. 그런데 목숨을 걸고 해야 하는 것처럼 생각 하니 발을 헛디디는 순간부터 불안하고, 젖는 것은 더 부끄럽고 마르는 시간은 견딜 수 없을 만큼 괴로워집니다. 두려움을 내려놓으면 돌다리는 아무것도 아닌 것이 됩니다.

개강하는 날 교육과정에 대해 안내를 하며 전해 드리는 내용입니다. 그럼에도 불구하고 시험에 대한 두려움과 걱정을 쉽게 내려놓지 못하는 분들이 대부분입니다. 강의 15년 동안 두려움을 내려놓은 분은 오로지 불합격 후 문자를 보낸 이 글 속 주인공 한 분뿐입니다. 결과와 상관없이 수업과정 속에서 배우고 얻은 내용 들을 합격 보다 소중하게 생각하고 계셨으니까요.

이 분을 통해 오히려 저는 삶의 지혜를 배웠습니다. 어떤 일이든지 과정만으로도 감사함을 표현해야 할 이유는 충분하다는 것입니다. 이런 제자 선생님(저의 제자들은 저보다 나이가 많으셔서 제가 부르는 호칭입니다.)이 계셨기에 오늘의 제가 있을 수 있었습니다. 강사는 보통 가르치는 직업이라고 생각하지만 가르치는 일이 아니라 배우는 일이 맞습니다.

하얀 봉투의 사랑

퍼덕거리며 날갯짓하는 새끼처럼 간절함이 필요하다.

쉬는 시간에 교육원 밖에서 잠깐 만나자는 내용의 문자가 한 통 와 있었습니다. 문자를 받고 교육원 복도로 나가보니 제자 선생님이 그곳에 서 계셨습니다. 저를 보자마자 손을 잡고 화장실로 급히 들어가시더니 흰색 봉투 하나를 옷 주머니 속에 넣어 주셨습니다.

봉투를 열어 보았더니 삼만 원이 들어 있었습니다. 저는 손사래를 치며 안 받겠다고 했으나 안 받으면 절대 집으로 돌아가지 않겠다고 강하게 말씀하셨습니다. 시험에 합격한 것이 정말 고마워서 밥이라도 한 끼 사주고 싶은데 시간이 안 되니 맛있는 것 사 먹으라며 주신 돈입니다.

아직도 이 돈은 봉투에 그대로 있습니다. 받지 않으면 돌아가지 않으신다고 해서 받았지만 맛있는 것도 사 먹을 수 없었고, 어쩌면 평생 쓸 수 없는 돈이 될지도 모르겠습니다. 돈이 중요한 것이 아니라 그 안에 담긴 마음이 너무 감사하고 소중하기 때문입니다.

　이 제자 선생님은 강의하는 동안 맨 앞자리에 앉아 수업을 듣던 분이며, 한 시간이 끝나면 한숨을 내쉬고 또 한 시간이 끝나면 한숨을 내 쉬던 분입니다. 한 숨소리가 매 쉬는 시간마다 제 귀에 울려 퍼졌습니다. 처음 수업을 듣는 분 중에서 한숨 소리를 내는 분들이 꽤 많습니다. 그래서 이번도 그렇게 지나갈 줄 알았습니다. 그런데 이분의 한숨 소리는 수업이 진행될수록 더하기가 되었습니다.

　개강하고 3일 정도 후에 선생님을 상담실에서 따로 만났습니다. 한 숨을 쉬며 힘들어하시는 이유를 알고 싶었습니다. 자격증을 취득해서 꼭 요양보호사 일을 해야 한다고 하셨습니다. 배우자와 사별하시고 혼자가 되시면서 생계를 위해 일을 해야 하는데 나이가 많아 도전할 수 있는 일이 많지 않았다고 합니다. 주변 이야기를 듣고 요양보호사 자격증에 도전하게 되었는데 수업내용이 너무 이해되지 않아 걱정하던 마음이 한숨 소리로 바뀌었던 것입니다.

　그때부터 제자 선생님의 마음을 다독이기 시작했습니다. 유일하게 해드릴 수 있는 것은 용기를 드리는 말 이었습니다. "할 수 있습니다. 이해가 안 되셔도 걱정하지 마세요. 귀를 열고 있으니 반드시 귀로 강의가 들어갈 것입니다."

　수업이 종강하고 복습을 도와드리기 위해 핸드폰 번호를 주고받았습니다. 일주일에 한 번씩 전화를 드리고 숙제를 내드렸습니다. 하루 동안 공부하셔야 할 표준교재 단원과 문제집 분량도 드렸습니다. 그리고 전화해서 과제를 얼마나 하셨는지 점검해 드렸습니다. 틀린 문제를 다시 풀고 이해가 안 되는 부분은 문자로 보충 설명을 드렸습니다. 종강하고 시험에 응시하는 날까지 보충학습은 이어갔습니다. 이렇게까지 해드린 이유는 하나입니다.

시험에 꼭 합격하고 싶은 간절함이 있었습니다. 생계를 위해 선택하신 일이라 그 누구의 간절함보다 제 마음을 움직였습니다. 그 간절함을 합격이라는 기쁨으로 바꿔 드리고 싶었습니다. 저와 제자 선생님의 간절함이 통했는지 시험에 합격하시고 찾아오신 것이었습니다. 이 해 시험의 난이도도 다른 해 보다 올라가서 꽤 어려웠습니다. 합격이 보장된다고 했던 분들도 불합격이 많이 되었는데 간절함으로 공부하신 제자 선생님은 당당하게 합격이 되었습니다.

합격 소식만으로도 저에게는 큰 기쁨이었는데 찾아오셔서 돈까지 전해주고 가신 제자 선생님을 저는 또 잊을 수가 없습니다. 이분을 통해 배운하나의 지혜가 있습니다. 간절한 마음은 사람을 감동시킬 수 있다는 것입니다.

검독수리가 새끼 독수리를 비행훈련 시키는 방법이 있습니다.

'검독수리는 퍼덕거리는 날갯짓하는 새끼 밑으로 재빨리 들어가 새끼를 등에 업고 날다가 다시 떨어뜨린다.'

저는 이 문장을 읽으며 가장 중요하게 생각하는 부분이 '퍼덕거리는 날갯짓하는 새끼'입니다.

어미 독수리가 보는 것은 퍼덕거림 안에 담긴 마음을 보고자 할 것입니다. 새끼 독수리가 정말 날고 싶어 하는 마음이 있다는 것을 확인하면 새끼 밑으로 재빨리 들어가 새끼를 등에 업고 날 수 있도록 도와 줄 거니까요. 그러나 날 고자 하는 마음이 없다면 절대 도와주지 않을 거라고 생각합니다. 이 마음이 간절함과 같습니다. 간절함이 있는데 어느 누가 도와주고 싶지 않을까요? 제가 제자 선생님에게 어미 독수리가 되어 도와 드린 이유입니다. 그리고 이 간절함만 있다면 반드시 나를 도와 줄 사람은 나타날 것이라는 희망의 메시지를 얻었습니다.

한 가지가 더 있습니다. 감사하는 마음을 가지는 것은 50점이고, 감사한 마음을 표현하면 100점이 됩니다. 감사한 마음을 가지지 않는 사람은 없지만 표현하는 사람들은 그 숫자보다 항상 적습니다. 생각이 사람과 세상을 움직이게 하는 것이 아니라 행동만이 움직이게 할 수 있습니다. 그리고 그 움직임을 통해 따뜻한 세상으로 바꿀 수 있다는 것을 알게 되었습니다. 이분을 통해 감사는 마음에만 담아두지 않고 표현까지 하는 삶이 되고자 노력했습니다.

혼전임신의 다짐

실수로 태어나는 사람은 없습니다

쉬는 시간에 교수실로 찾아오신 분이 계십니다. 요양보호사 양성 강의가 아닌 직무강의 때의 일입니다. 직무강의란 요양보호사로 방문요양(어르신의 집을 방문하여 요양 서비스를 진행하는 업무)을 하고 계신 분들을 대상으로 연 1회 실시하는 교육입니다.

직무강의를 진행할 때 정해 둔 원칙이 있습니다. 현재 요양보호사로 근무하시는 분들을 대상으로 하는 강의이다 보니, 직무강의 시간에 반드시 해야 할 것은 자기 점검입니다. 요양보호사 양성 강의를 들을 때 배우셨던 요양보호 업무 및 윤리 원칙을 잘 준수하며 돌봄을 진행하고 있는지 확인해 보는 것입니다.

노인의 인권 존중에 대한 강의를 진행하는 내용이 있었습니다. 타인을 존중하기 위해 먼저 해야 할 일은 자기 존중이라고 합니다. 나 자신을 먼저 사랑하지 않는 사람은 타인에 대한 사랑도 존중도 할 수 없다는 것입니다. 이 내용을 전달하며 제 삶의 이야기를 전해드렸습니다.

저는 혼전임신으로 태어난 아이입니다. 엄마가 18살이라는 어린 나이에 임신이 되어 저를 낳을지 말지 고민했다고 합니다. 외할머니가 일찍 돌아가셔서 엄마는 어린 나이부터 친척 집에서 살았습니다. 임신 사실을 알고 친척분이 임신중절 수술을 하자고 했으나 수술을 받지 않았고 아버지가 살고 계신 시골로 내려와서 결혼을 했습니다. 그렇게 시작한 결혼생활이 순탄하지는 않았다고 합니다. 어려움이 올 때마다 저를 낳은 것이 후회되었고 그 원망이 알게 모르게 제 마음에도 상처로 다가왔습니다.

이 사실을 알게 된 것이 20살이라는 나이였지만 상처까지 모두 감당할 만큼 성숙하지는 못했습니다. 탄생 자체가 부정되는 일을 받아들이는 것은 힘든 일입니다. 태어나지 않아야 할 생명이 태어나 한 사람의 인생을 힘들게 하고 망치는 존재가 된다는 것을 기분 좋게 받아들일 사람은 없습니다. 자기 존중이란 자신을 사랑하는 마음입니다. 나 자신만큼 귀하고 소중한 것이 없습니다. 그 누구보다 사랑해 주어야 할 존재가 내 자신이니까요. 그러나 이런 깨달음이 삶으로 다가오기까지 아주 많은 시간이 필요했습니다.

하나님을 만나면서 세상에 이유 없이 태어나는 생명은 없다는 것을 알게 되었습니다. 사람의 실수로 생명이 태어날 수는 있어도 하나님은 실수가 없으신 분입니다. 실수로 태어난 것도 아니고 한 사람의 인생을 망치려고 태어난 것도 아닙니다. 쓰임 받을 곳이 있었기에 세상에 태어난 것입니다. 그 쓰임을 찾아가는 것이 인생이고, 어떻게 쓰임 받고 살아야 할지 살아가는 내내 고민하며 답을 찾아야 합니다. 지금은 원망보다 감사함을 가지고 살고 있습니다. 세상에 태어나게 해 주신 것만으로도 감사할 이유는 충분하니까요. 어느덧 세 아이를 낳아 키우고 있는 엄마이다 보니 혼전임신을 하고 얼마나 무섭고 힘들었을지 엄마의 마음도 이제는 조금 이해가 됩니다.

이 깨달음이 마음에 다가오는 순간 타인을 사랑할 수 있었습니다. 나도 충분히 사랑받고 있으니 이제는 흘려보낼 수 있다고 생각을 했습니다. 내 안에 사랑이 가득 차게 되니 저절로 넘치게 되는 것이 사랑이었습니다. 타인 존중을 하기 위한 필수 조건은 나의 아픔을 진정으로 달래주며 사랑할 줄 아는 사람이 되는 것입니다.

이 강의를 듣고 눈물을 참을 수 없어 찾아오신 것입니다. 눈물이 나왔던 이유가 제 삶의 이야기였지만 강의를 듣는 제자 선생님의 삶과 비슷했기 때문입니다. 제 아픔을 드러내는 강의를 하는 것이 늘 반갑지는 않습니다. 그러나 이 아픔이 어떤 이 에게는 이렇게 위로가 되고 용기가 되어 돌아갑니다. 감동이 결국 마음을 따뜻하게 하는 방법이니까요.

제 눈물이 제자 선생님의 마음에 흘러들어 아픔을 씻어내고 아픔이 씻겨 다시 눈물이 되어 흘러나오게 되었습니다. 눈물이 때로는 상처를 씻어내는 치료제가 될 때가 있습니다. 찾아와 주신 제자 선생님 덕분에 아픈 사연을 가지고 있는 것이 오히려 고마움이고, 쓸모가 있는 사람이 되어가는 것 같아 기쁨이었습니다.

그리고 이 일을 통해 알게 된 사실이 있습니다. 아픔이 있는 삶을 사는 것은 선택받은 사람입니다. 아픔이 고통스럽지만 고통을 이겨 낼 기회를 제공받은 것이니까요. 아픔을 겪어본 사람은 단단해집니다. 상처에서 새살이 돋는 시간이 걸리듯이 아픔도 사라지기까지 시간이 걸립니다. 무뎌지는 시간을 견디는 일이 아픔을 통해 단단해지는 법입니다. "인생길은 꽃길만 있었으면 좋겠습니다." 이 문장을 좋아하지 않습니다. 인생길이 비록 꽃길이 아니라 진흙 길이고 자갈길이어도 그 길을 걷는 동안 감사할 수 있는 마음을 가지게 해달라고 기도합니다. 그래야 지금보다 한 치 단단한 사람으로 성장할 수 있다는 것을 알기 때문입니다.

감정 기억의 개떡

사소한 이야기에도 귀 기울여주는 마음이 행복의 시작입니다

강의를 시작하려는데 교탁 위에 작은 그릇이 하나 놓여 있었습니다. 호일로 덮인 그릇이라 호일을 걷어보니 밀가루 개떡이었습니다. 떡을 보는 순간 온몸에서 올라오는 감동을 주체할 수가 없었습니다. 부뚜막 앞에 앉아있던 꼬맹이의 모습이 떠올랐거든요.

어릴 적 조부모님 아래에서 자랐습니다. 태어난 곳이 시골이다 보니 유년 시절 기억은 온통 시골과 관련된 기억들입니다. 할머니가 해주셨던 음식 중에서 유달리 생각나는 음식이 있습니다. 쌀로 만든 떡이 아니라 밀가루에 강낭콩을 넣어 시루에 쪄서 먹는 밀가루 개떡입니다. 돌아가신 할머니가 보고 싶을 때마다 떠올렸던 감정 기억은 밀가루 개떡이 시루에서 익어가는 것을 기다리며 부뚜막 앞에 앉아있던 꼬맹이의 모습입니다. 시루를 열어 김이 올라오면 호호 불면서 손으로 떼어 먹던 그 추억의 맛을 기

억하고 있습니다. 그러나 그 맛을 표현해 보라고 하면 '행복'이라는 단어 외에 어떤 단어를 써도 표현할 수 없습니다.

노인과 대화할 때 어떤 주제로 이야기를 시작해야 할지 궁금해 합니다. 이 주제를 찾기 위해서 알고 계셔야 할 것이 있습니다. 노인의 심리적 특성입니다. 그중 한 가지가 지나온 일생의 여러 요인들을 떠올리는 생에 대한 회고의 경향이 증가한다는 것입니다. 과거를 회상하게 되는 대표적인 이유가 있습니다. 매일 새로운 경험을 하면서 산다면 과거 이야기를 할 시간조차 허락되지 않습니다. 그러나 노인이 되면 매일 새로운 경험을 하는 기회가 줄어들기 때문에 과거 속에 있는 경험을 회상하며 살게 됩니다.

과거 속 경험들은 대부분 감정 기억과 관련된 것들입니다. 그래서 감정 기억이 담긴 이야기를 꺼낼 수 있게 도와드리라고 합니다. 기억과정은 감정의 영향을 많이 받는 것으로 알려져 있습니다. 보통은 아주 재미있었던 기억과 슬픈 기억, 두 가지 종류의 기억이 오랫동안 생생히 기억됩니다. 이런 기억은 세월이 많이 흘러도 잊어버리지 않고 생생히 떠올릴 수 있는데 그 이유는 이런 감정 상태일 때 정보가 뇌에 쉽게 입력되어 견고하게 저장되기 때문입니다.

저의 감정 기억을 차지하는 행복한 기억들은 대부분 유년 시절 할머니와 함께했던 시간입니다. 할머니와 함께하며 행복했던 순간들이 많지만 가장 대표적인 것이 할머니와 함께 맛있는 음식을 먹으며 이야기 나누던 시간이었습니다. 그런데 생각해보면 음식 맛을 기억하는 것이 아닙니다. 그 음식을 함께 먹었던 할머니의 마음이 생각나고 나누었던 이야기가 생각납니다. 최고의 맛이라고 하는 음식은 비싼 음식도 아니고, 1등급의 요리사가 요리한 음식도 아닙니다. 그저 사랑하는 사람이랑 함께 먹었던 밥 한 끼에 담긴 마음의 맛입니다.

이런 강의를 듣고 잠시 행복을 찾아주고 싶어 제자 선생님이 밀가루 개떡을 만들어 오신 것입니다. 떡을 한 입 베어 먹는 순간 어릴 적 먹었던 맛은 기억할 수 없었지만, 추억이 돌아오는 것 같아 눈물방울을 눈에 한가득 머금고 먹었던 생각이 납니다.

이제는 밀가루 개떡을 떠올리면 할머니의 사랑뿐만 아니라 제자선생님의 사랑이 더하기 되어 행복의 맛이 더 진해질 것 같습니다.

진한 행복의 맛보다 감사한 것은 아주 사소한 이야기에도 귀를 기울여 주시는 마음입니다. 이런 관심과 사랑이 있는 요양보호사 선생님들만 계셔 준다면 돌봄을 받는 어르신들이 행복해질 수 있을 거 같아 안심되었습니다. 제자 선생님을 통해 배운 것이 있습니다. 사람을 행복하게 하는 방법이 여러 가지가 있지만 경청과 공감이 반드시 필요하다는 것입니다.

현대사회에서 요구하는 가장 중요한 기술이 의사소통 기술입니다. 공감 능력이 가장 필요한 시대를 살고 있습니다. 재능처럼 타고난 사람도 있으나 그런 사람은 많지 않다고 알고 있습니다. 다행히 의사소통은 재능이 아니라 기술입니다. 누구나 노력하면 익힐 수 있는 기법이라는 것입니다. 의사소통의 목적이 공감입니다. 듣기와 말하기 과정을 통해서 결국 상대방과 공감하고자 하는 것입니다. 공감이 되어야 외롭지 않거든요. 아주 사소하고 작은 것에도 귀를 기울여 주는 마음이 외롭지 않은 세상을 만들어 가는 가장 중요한 비법이 되어 줄 것입니다.

마음으로 듣는 강의

마음에 묶어 두어야 할 이야기가 있습니다.

안경점에 가서 안경을 새로 맞추었으나 지속해서 눈이 침침하고 불편
해서 안과를 다녀오셨다는 분이 계셨습니다. 녹내장의 치료 및 예방 수업
을 듣고 혹시나 하는 마음이 생겨서 검진을 받았는데 녹내장 초기 증상이
라고 합니다. 교수님이 안과를 꼭 가라고 하신 말씀 때문에 갔는데 조기
발견할 수 있게 도와주셔서 감사하다는 말을 전해주셨습니다.

강의 시간에 녹내장에 대한 강의를 합니다. 나이가 들면서 시력 저하가
생깁니다. 그러나 노안과 백내장, 녹내장을 시력 저하 증상만 가지고 감별
하는 것은 어렵습니다. 공통증상이기 때문입니다. 시력이 저하되면 안과
를 방문해서 전문의 진료를 보고 증상에 맞는 치료나 예방법을 찾는 것이
원칙입니다. 그런데 대부분의 사람들이 병원이 아닌 안경점을 찾고 있습
니다. 안경점에서는 시력 측정은 가능하지만 안압(눈의 모양과 기능을 유

지하기 위해 방수라는 액체가 있는데 15~20 mmHg 의 적정 압력을 유지하는 것)을 측정할 수 없습니다.

안과에서 정확하게 시력검사와 안압검사를 하고 노안과 백내장, 녹내장을 감별해야 합니다. 질환에 맞게 치료와 예방법을 적용했을 때 시력 저하를 막아낼 수 있습니다. 그러니 반드시 안과 전문의를 만나 달라고 부탁을 드리고 있습니다.

이 강의를 듣고 안과를 방문하셨다가 녹내장 조기발견을 하신 제자 선생님의 이야기입니다.

"선생님, 감사는 제가 드려야 할 것 같습니다. 저는 매번 녹내장 질환을 설명할 때 같은 내용으로 강의합니다. 그런데 남의 이야기로 듣지 않고 선생님의 이야기로 들어주신 그 마음이 조기 발견을 할 수 있게 도와준 거로 생각하셔야 합니다." 이렇게 말씀을 드렸습니다.

세상을 살며 접하는 모든 것들은 흘러가는 것이 될 수도 있고, 흘러가지 못하게 묶어 둘 수도 있습니다. 그러나 그런 힘은 오직 본인만이 할 수 있습니다. 정보를 접했을 때 한 번쯤은 깊이 생각해 보아야 합니다. 현재 나에게 적용 할 수 있는 정보라면 빠르게 내 것으로 만들어 주어야 합니다. 이것을 흘려보내지 않고 묶어두는 것이라고 표현하고 싶습니다.

책을 읽고 강의를 듣고 심지어 주변 사람들의 이야기를 들을 때 반드시 피해야 할 것 중 하나가 '선택적 듣기'입니다. 듣고 싶은 것만 들으려고 하는 마음만 바꾸어 준다면 누구나 모든 정보는 적용할 수 있습니다. 정보를 보고 들을 수 없어서 적용할 수 없는 세상이 아니니까요.

고혈압을 진단받고 혈압약을 복용하시는 제자 선생님이 쉬는 시간에 찾아오셨습니다. 고혈압 질환을 강의할 때 혈압을 규칙적으로 측정하여 변화를 주의 깊게 확인하는 것을 혈압약 복용만큼 강조하고 있습니다. 혈압약은 병원을 방문해서 매일 측정하고 결과 값에 따라 약을 처방받는 질환이 아닙니다. 몇 개월에 한 번씩 병원을 방문해서 진료를 보고 약을 처방 받고 있습니다. 혈압약은 매일 복용을 해서 정상혈압 수치를 유지시켜주는 목적으로 복용하는 약입니다. 그러니 약을 먹으면서 혈압이 정상범위 안에 있는지 확인하는 것이 중요합니다. 고혈압의 대표증상은 무증상이고, 증상으로 혈압이 상승한 것을 확인하기 어렵습니다. 혈압기계를 구매해서 매일 측정하는 것을 관리의 첫 번째로 하셔야 합니다.

이 선생님 또한 강의를 듣고 혈압 기계를 구매하셨고 측정을 해보시니 수치가 정상보다 높게 측정되어 병원 방문을 하신 것입니다. 녹내장을 조기 발견한 선생님처럼 강의 내용을 본인의 삶에 적용하신 결과물입니다. 강의를 하며 드릴 수 있는 것이 많아 좋습니다. 간호사면허증 소지자이며 의학, 간호학 지식을 가진 사람이라는 것 자체가 도움을 줄 수 있는 직업이니까요. 건강에 대한 관심은 누구나 있고, 평생 관리해야 할 것이 건강입니다.

병원에서 근무하는 간호사가 아니고 강의하는 간호사라서 더 좋습니다. 병원은 이미 질환이 생겨서 치료를 목적으로 오는 환자들을 만나지만 강의는 조기 발견과 예방을 할 수 있는 기회를 제공해 드리는 것 같아 두 배의 기쁨이 있습니다.

응원 댓글의 힘
글은 사람과 같습니다

유튜브는 시청만 하는 사람으로 남을 줄 알았습니다. 채널을 직접 운영해본다는 생각은 한 번도 해 본 적이 없었거든요. 시험을 일주일 앞두고 오프라인으로 시험 대비 특강을 진행했었습니다. 그러나 2020년 코로나 19로 인해 오프라인 특강이 어렵게 되었고, 임시방편으로 마련한 대책이 유튜브에서 온라인으로 진행하는 것입니다. 온라인은 인원 제한이 없으니까요.

유튜브를 운영하기 위한 기술을 체계적으로 배우고 시작한 것이 아닙니다. 교육원에 잠시 유튜브 운영 방법을 강의하시는 강사님이 오셨는데 시간이 허락되지 않아 제대로 배울 수 없었습니다. 직접 해보면서 부딪히기로 했고, 가장 먼저 해야 할 것은 시간을 만드는 일이었습니다. 시험일이 2020.8.29. 일이었고, 유튜브 개설 날짜가 2020년 7월 27일입니다. 시험까지 한 달 정도 남은 상태여서 이 시간 동안 전 과목 복습 강의를 진행하려면 부지런히 해야만 했습니다. 하루에 3시간 정도만 수면하고 한 달 동안 매일 업로드를 진행했습니다.

구독자는 교육원 수강생들부터 시작했습니다. 매일 업로드를 하면서 강의를 듣고 댓글을 적어 주시는 분들이 생기기 시작했습니다. 수많은 분이 댓글을 남겨주셨지만, 유달리 눈에 띄는 댓글이 보이기 시작했습니다. 저를 응원하고 격려해 주시는 따뜻함이 담긴 내용의 글이었습니다. 교육원 제자 선생님이셨는데 저의 강의를 들으신 분이 아닌 야간반에서 강의를 듣는 선생님이셨습니다. 주간반 에서만 강의를 진행하다 보니 야간반 선생님들과는 교제 할 기회가 없던 상황이라 얼굴조차도 모르고 있었습니다. 그런데도 항상 긍정의 메시지로 격려해주시는 마음이 에너지를 발산하게 도와주셨습니다.

매일 업로드를 하는 시간을 기다려 주는 사람이 있어 힘이 들어도 열심히 할 수 있었습니다. 강의가 새로 업로드될 때마다 빠짐없이 들어 주셨고, 시험 종료 후 가채점 결과 합격까지 확인했습니다. 중간에 포기하지 않고 목표한 대로 강의를 진행할 수 있게 도와주신 마음이 감사해서 작은 선물을 보내드렸습니다. 그러나 선물은 보낸 것보다 더 큰 크기로 다시 돌아왔습니다. 마음을 주고받았다고 생각합니다. 이렇게 한 사람만 진심을 담은 응원군이 있어도 어떤 일이든지 포기하지 않고 완주할 수 있다는 깨달음을 주신 소중한 분이십니다.

글을 쓰고 있는 오늘도 메시지를 주고받았습니다. 메시지를 주고받을 때마다 힘이 나는 이유를 한참 뒤에 알았습니다. 동시를 쓰는 시인이자 작가님이었습니다. 아이와 같은 마음을 가져야 쓸 수 있는 글이 동시입니다. 글은 사람과 같다고 생각했습니다. 아름다운 글은 아름다운 사람이 쓰는 글이고, 사랑스러운 글은 사랑스러운 사람이 쓰는 글이고, 슬픈 글은 슬픈 사람이 쓰는 글입니다. 인터넷상에서 주고받는 댓글이지만 글은 말보다 마음을 더 많이 담아야 합니다. 나는 어떤 생각을 하며 글을 쓰는 사람인지 곰곰이 생각해 봐야 할 일입니다.

안티 댓글의 반전
혼자 걷는 길이 두려운 것은 외로움 때문이다

유튜브 강의를 듣는 분들은 요양보호사 자격증 취득 준비를 하는 분들이 대부분입니다. 그런데 어느 날 찾아오신 분은 강사였습니다. 강의를 시작하신 지 5개월 정도가 되었는데 다른 강사들은 어떻게 강의하고 있는지 궁금하셔서 배우기 위해 채널을 구독하고 강의를 듣고 계셨다고 합니다. 강의를 시작한지 얼마 되지 않아서 그만두고 싶을 때가 많았는데 그 때마다 저의 강의를 들으며 마음 다지기를 했다고 합니다. 이 분의 글을 읽는 순간 눈물이 왈칵 쏟아졌습니다.

유튜브 채널을 운영하는 것이 생각보다 어려웠습니다. 강의 준비부터 영상 촬영을 하는 것보다 가장 힘든 일은 댓글 소통에 관한 것입니다. 유튜브를 하게 된 계기와 업로드 과정을 모두 아는 교육원 선생님들의 댓글은 항상 격려에 대한 댓글이었습니다. 그러나 그런 과정을 모르는 분들은 타 채널과 비교를 해서 부정적인 댓글부터 험담에 관한 댓글도 적어 놓으시는 분들이 있었습니다. 이런 댓글에 응대하는 것이 스트레스로 다가왔습니다. 특별하게 배운 기술 없이 열정으로만 촬영한 강의 영상들이 대부분이었고, 한동안 상처 때문에 업로드를 하지 않았습니다. 댓글 소통도 하고 싶지 않아 댓글 중지를 해 놓은 상태였는데 일부러 블로그까지 찾아오셔서 남겨주신 댓글이었습니다.

부족한 강의를 듣고 도움을 받았다는 감사의 글을 읽으며 그동안의 노력이 헛된 것이 아니었다는 생각이 마음을 위로해 주고 있었습니다. 무엇보다 학생이 아닌 강사의 댓글이라 더 큰 감동이 되었습니다. 첫 강의를 시작할 때 강의가 얼마나 힘든 일이었는지를 직접 겪은 사람이기 때문입니다. 그만두고 싶을 때가 자주 찾아왔지만, 댓글을 남겨주신 강사님처럼 마음 다지기를 하며 걸어 온 길이 15년 차가 되었습니다. 댓글로 감사 인사를 드렸지만, 이 책을 통해 다시 한 번 감사 인사를 드리고 싶습니다.

누구나 처음 시작하는 일은 두렵습니다. 가보지 않은 길을 걸어가야 하니까요. 그때 힘이 되어주는 분이 계신다면 그 길을 걸을 때 조금은 두려움을 내려놓을 수 있습니다. 내가 걸어보지 못한 길을 걷는 두려움은 어쩌면 외로움 때문일 수도 있습니다. 혼자 걸어간다고 생각하니 두려운 거니까요. 누군가가 같이 걸어주며 힘들 때 잠시 손을 잡아주거나, 등을 토닥여 준다면 힘이 들어도 걸어갈 수 있습니다. 손을 잠시 잡아주는 사람, 등을 한 번 토닥여 주는 사람이 된 것만 같아 행복했습니다. 그리고 필요한 정보까지 덤으로 남겨주시는 모습을 보며 이름도 얼굴도 모르는 인터넷 세상이지만 결국 이 세상도 사람의 마음으로 만들어 가는 곳이라는 깨달음을 얻었습니다.

저는 글쓰기를 좋아하는 강사입니다. 블로그에서 다양한 주제로 글쓰기를 하고 있었고, 작가가 되기 위한 준비과정으로 글쓰기 유료 강좌를 들었습니다. 그곳에서 만난 강사님의 제안으로 인스타그램도 시작했습니다. 인스타그램에 자기소개를 적는 곳이 있습니다. 간호사면허증 소지자로 현재 요양보호사양성 교육을 하는 강사라고 소개했습니다. 그런데 이 글을 보고 메시지 연락을 주신 분입니다. 처음 강의를 시작하려고 하니 교재는 있지만 주로 어떻게 강의해야 하고, 이론과 실기를 병행하는 교과목에서 실기는 어떤 방식으로 해야 하는지 궁금하다고 하셨습니다.

인스타그램을 통해 찾아오신 강사님도 저에게는 엄청 귀하신 분입니다. 블로그를 통해 오신 강사님처럼 처음 강의하려고 하니 두려움이 있어 찾아오셨다는 것을 알았기 때문입니다. 인스타그램을 통해 연락처를 주고받았습니다. 그리고 메시지를 통해 궁금해 하시는 부분은 최선을 다해 답 해드렸습니다. 강의할 때 사용하는 자료도 메시지로 전송을 해 드렸습니다. 무엇보다 마음을 같이 해드리고 싶었기에 강의는 하다 보면 재미뿐만이 아니라 보람을 느낄 수 있는 일이니 힘들더라도 견뎌보라는 격려를 드렸습니다.

가끔 안부를 묻는 친구 같은 사이가 되어가고 있습니다. 강의 내용이 아니어도 현재 어떻게 지내고 있는지 안부를 묻고 싶어지는 사람이니까요. 오늘도 응원 덕분에 출근해서 강의하고 있다고 답을 주십니다. 얼굴을 보며 소통을 하는 사이는 아니지만, 인터넷을 통해 같은 일을 하는 분들을 만나고 그곳에서 나눔을 통해 마음이 하나로 합쳐지고 있는 것을 경험합니다.

두 분과의 만남을 통해 비전 하나를 마음속에 담았습니다. 처음 강의를 시작하는 분들에게 실질적으로 도움 드릴 방법을 전해주는 강사가 되어야겠다는 다짐을 해봅니다. 천천히 그 과정도 만들어 가려고 합니다. 두려움을 극복해 보라는 말을 해드리는 사람보다 두려움을 덜어드리기 위해 같이 걸어가 주는 사람이 되고 싶습니다.

제2장
간호사 강사가 나의 천직

나의 천직은 능력자를 만드는 일

은행에서 처리해야 할 업무가 있어 은행직원과 마주하던 날이 있었습니다. 혹시 직업이 있으신가요? 라는 질문에 "네, 저는 능력자를 만들어 내는 일을 하는 사람입니다." 이렇게 답을 드렸습니다. 은행직원의 두 눈이 동그랗게 바뀌더니 저를 한 번 쳐다보았습니다. 더 이상 묻지 않았기에 은행 업무를 다 마치고 일어나려 하는데 "혹시 그 일은 어떤 일인가요?" 라고 다시 질문을 하셨습니다. 직업을 묻는 말에 능력자를 만드는 일이라고 대답했던 답이 계속 궁금했다고 하셨습니다.

"저는 요양보호사교육원에서 요양보호사 양성 강의를 하는 강사입니다." 이렇게 다시 답을 드렸습니다. "그럼 강사라고 대답하면 되지, 왜 능력자를 만들어 내는 일입니다."라고 답을 했는지 이유가 궁금하다고 하셨습니다.

요양보호사의 단어를 한자로 찾으면 요양보호, 네 글자는 모두 돌봄이라는 의미가 있습니다. 그러나 '사'는 선비 사(□)입니다. 한 일에 열십자가 붙은 글자입니다. 선비는 학식과 성품이 뛰어나지만, 관직을 가지고 있지 않은 사람을 일컫는 말입니다. 요양보호사도 관직과 같은 관리자가 아니지만, 학식과 성품이 바탕이 되어야 하는 직업입니다. 그리고 선비는 분명히 한 가지 재능이 있을 겁니다. 모든 사람은 태어날 때 반드시 쓰임 받을 곳이 있기 때문에 한가지의 재능은 가지고 태어난다고 생각합니다.

요양보호사 일을 하는 분 역시 한가지의 재능을 가지고 있지만 현장에서는 열 가지의 일을 해야 할 때가 있습니다. 이렇게 열 가지 일을 하는 사람이니 당연히 능력자라고 불러 드려도 부족하지 않은 직업입니다. 능력자를 만들어내는 일은 쉬운 일이 아닙니다. 본인이 " 능력자"라는 것을 인정하게 만들어 드려야 하기 때문입니다. 이런 일을 하는 사람이 내가 해야 할 일이라는 것을 깨닫게 될 때가 있었습니다.

요양보호사 양성 강의를 듣는 분들에게도 능력자에 대한 강의를 하지만 현장에서 근무 중인 요양보호사 선생님들을 대상으로 진행하는 직무교육 시간에도 위와 같은 강의를 합니다. 내가 가진 직업을 대단한 일이라고 생각해야 다른 사람들도 그렇게 생각을 해주니 어떤 일을 하는 사람이냐고 물어보시면 "능력자입니다." 이렇게 답을 해보라고 말씀드립니다. 그리고 다 같이 목소리를 높여서 "나는 능력자입니다."라고 합창을 하게 합니다. 부끄러워하는 모습들이 보이지만 이미 얼굴에는 미소 한가득 머금은 상태입니다.

쉬는 시간에 한 분이 찾아오셔서 가방에 있는 사직서를 버려야 할 것 같다는 말을 하셨습니다. 어르신들과의 관계도 힘들지만 주변으로부터 인정받지 못하는 직업 같아 그만두고 싶었다고 합니다. 그러나 '능력자' 강의를 듣고 힘을 얻어 계속 일을 하시겠다는 다짐을 했다고 합니다. 이렇게 찾아오시는 분들의 이야기를 들을 때면 저의 눈시울은 벌써 붉어지기 시작합니다. 그리고 한 번씩 안아드리며 등을 토닥여 드리는 표현으로 감사 인사를 대신합니다.

'그대의 생활은 그대 자신이 거기에 의미를 부여하고 노력하는, 그 노력에 따라서 꼭 그만큼의 의미가 있다.'

헤르만 헤세의 명언입니다. 모든 것에 의미를 부여하는 순간 생명력이 생기고 그 생명력이 사람에게 다가오면 생기가 생겨 살아갈 힘이 생깁니다.

요양보호사라는 글자를 한자로 찾아서 제 나름대로 의미부여 했습니다. 이렇게 의미 부여가 되는 순간 직업의 만족도가 상승합니다. 세상에 존재하는 직업을 1등부터 순위를 매길 수는 없습니다. 그러나 좋은 직업과 나쁜 직업으로 나뉠 수는 있다고 생각합니다. 다른 사람에게 하나라도 이득을 주는 직업이라면 좋은 직업이고, 해로움을 주는 직업이라면 나쁜 직업이라고 말할 수 있습니다. 이렇게 타인에게 이득을 주는 직업이 되고 있다는 것을 깨닫는 순간 내 일은 천직이 됩니다. 천직은 직업에 의미를 부여해서 이타적 목적을 찾아내려는 노력을 빨리할수록 빨리 만들어집니다.

일에는 세 가지 단계가 있다고 알고 있습니다. 생업과 직업 그리고 천직이 있습니다. 세 가지 모든 일이 생계를 위해서 하는 일이지만 목적과 목표가 조금씩 다릅니다. 생업은 살아가기 위해 하는 일입니다. 직업은 내 재미와 내 성장을 바탕으로 자기중심적 목표를 가지고 하는 일입니다. 천직은 타인의 재미와 타인의 성장에 목표를 두고 실행해 가는 일입니다. 이렇게 생업에서 직업으로, 직업에서 천직으로 단계를 올라가기 위해 필요한 것이 있습니다. 시간을 쌓아가는 경력도 필요하지만, 시간보다 중요한 것은 노력입니다.

타고난 천재가 아닌 이상 모든 일은 노력이 필요합니다. 그 대가로 열매를 맺는 날이 바로 자기 성장이 이루어지는 날입니다. 시간이 지나면 강의는 누구나 잘할 수 있다는 말에 어느 정도 동의는 하지만 전적으로 동의하지는 않습니다. 저도 강의를 시작할 때 생업으로 시작했습니다. 생계를 유지하기 위해 시작을 했고, 강의하다 보니 어느 날부터 강의가 재미있어졌습니다. 강의가 재미있어지는 순간부터 많은 노력을 했습니다. 자료를 정성껏 준비하고, 여러 가지 강의 기법을 연구해서 시행착오를 거쳐 나만의 방법으로 강의했을 때 수강생들의 반응은 지루함 대신 즐거움이었습니다. 제가 강의하는 시간에 수업을 빠지지 않으려고 시간표를 확인하는 분들도 생겼으니까요.

지금은 나의 성장보다 수강생들의 재미와 성장에 더 많이 신경을 쓰고 있습니다. 그래서 저에게 "어떤 일을 하고 계십니까?" 이런 질문을 하신다면 1초의 망설임도 없이 지금은 천직이라고 답할 수 있습니다. 이 책을 쓸 수 있게 된 이유도 강사가 천직이 되었기 때문이고요. 그러나 천직을 가지고 살 수 있기까지 많은 과정을 거쳐 왔습니다. 그 여정을 지금부터 소개하려고 합니다.

졸업장 사수

간호대학을 입학하기는 쉬웠으나 졸업은 쉽지 않았습니다. 이유는 한 가지입니다. 학비를 혼자 감당하며 학교에 다녀야 했기 때문입니다. 대학 입학과 동시에 알 수 없는 가정경제의 어려움이 생겼고, 학비를 마련하지 못하면 휴학하거나 중도하차 해야 할 위기까지 갔었습니다. 그러나 그때 부터 아르바이트와 학업을 병행하기로 결심합니다. 학비가 없어 중단된 다면 다시 돌아갈 수 없을 것 같은 생각이 들었습니다. 이때부터 목표는 하나입니다. 무사히 대학을 졸업하자.

공장 아르바이트부터 피자집, 레스토랑, 빵집 등 할 수 있는 모든 아르 바이트는 다 했습니다. 방학 때는 방학 기간 내내 아르바이트 해서 학비와 학기 중 용돈을 마련합니다. 학기 중에 돈이 떨어지면 학교 수업과 아르바 이트를 다시 병행합니다. 간호학과는 병원 실습이 많다 보니 실습생도 나이트(밤 근무)를 제외하고 데이(낮 근무), 이브닝(저녁 근무)은 동일한 시간에 해야 합니다. 아르바이트 시간을 잡는 것이 쉽지 않았습니다. 그러나 실습하는 동안도 예외는 아닙니다. 아침 6시 빵집 문을 여는 시간부터 밤 12시 문을 닫을 때까지 주말 알바를 하고 보건소 실습을 하는 날은 지각으로 혼나는 날이 일쑤였습니다. 실습점수가 좋지 않아도 학비 사수가 먼저였습니다.

학교 다닐 당시 가장 힘든 시간은 수업 시간보다 점심시간이었습니다. 점심을 먹는 날보다 먹지 못한 날이 더 많았으니까요. 밥값까지 해결할 만큼 넉넉히 벌어 놓은 돈이 없었기 때문입니다. 점심시간에는 제일 먼저 강의실 문을 열고 나가는 학생이었습니다. 밥을 먹으러 가자고 말하는 친구들의 말보다 빨리 강의실을 나가 주어야 하니까요. 그래서 지금도 연락하는 대학친구가 거의 없습니다. 입학 당시 다니던 대학은 버스를 두 번이나 타고 가야 하는 곳으로 이전이 되어 버스비도 두 배로 준비해야 하는 상황이었습니다. 지금처럼 환승이 되지 않았던 때라 버스비 대신 선택한 것은 30분 정도 일찍 일어나 걸어가는 두 다리를 선택했습니다.

아르바이트하며 겪었던 일 중에서 아직도 기억에 남는 두 사건이 있습니다. 피자집에서 아르바이트할 때의 일입니다. 지금은 브랜드가 된 피자집이지만 그 당시(2000년도)에는 그리 유명한 피자집이 아니었습니다. 운영이 어려워진 사장님이 상황이 안 좋다고 아르바이트 비용을 주지 않고 도피하셨습니다. 사장님을 찾아 여기저기 헤매던 날이 있었습니다. 간호실습복을 사기 위해 시작한 아르바이트였는데 결국 돈도 못 받고 실습복도 다른 친구들처럼 마련할 수 없었습니다.

두 달 정도 지나서 우연히 피자집을 지나가게 되었는데 다시 영업을 재기하셨기에 뛰어 올라가 난동을 부리고 나서야 돈을 받았습니다. 아르바이트 하고 있던 학생들에게 나도 여기서 일했는데 돈을 못 받고 몇 달이 지났으니 잘 생각해서 일하라고 말을 했습니다. 그 모습에 놀란 사장님이 나오셔서 못 받았던 돈을 주셨습니다. 시간당 1,800원의 시급으로 일을 했던 8만 원이었습니다. 지금 생각하면 그런 용기는 어디서 나왔는지 신기할 정도입니다.

다른 사건은 간호대학 마지막 학기를 남겨둔 때였습니다. 담당지도 교수님으로부터 한 통의 전화를 받았습니다. "옥수야, 국가고시 준비는 잘하고 있니?"라고 물어보셨습니다. 간호사는 대학을 졸업하는 것만큼 중요한 것이 간호사 국가고시에 합격해야 하는 일입니다. 간호사 면허증이 없으면 학교를 졸업했다고 하더라도 간호사로 일을 할 수 없기 때문입니다. 그러나 저는 지도교수님의 질문에 "네."라고 답할 수 없었습니다. 간호사 국가고시 공부보다 마지막 학기 학비를 마련하는 일이 더 시급한 문제였습니다. 교수님은 그런 일이 있으면 상의해야지 혼자 그러고 있냐고 걱정해 주셨지만, 자존심의 문제였습니다. (나이가 어리다 보니 그때는 자존심이 꽤 중요하다고 생각했습니다.)

그 당시 아르바이트를 하던 곳이 레스토랑이었는데, 학비를 내는 날짜가 아르바이트 월급을 받는 날보다 빨라서 고민하던 차 가불이라는 것을 하게 됩니다. 사장님께 사정을 이야기하고 일하기로 한 날짜보다 먼저 그만두지 않을 테니 가불을 해달라고 요청을 드렸습니다. 사장님은 20년 가까이 일해 봤지만 가불을 해달라는 아르바이트생은 처음이라고 웃으시며 감사하게도 가불을 선뜻 해주셨습니다. 그렇게 만든 비용으로 마지막 학기 학비를 내고 저는 졸업을 하게 됩니다.

지금 생각해보니 간절했던 마음이 용기를 내게 했고, 그 용기가 두 사장님의 마음을 움직이게 했던 거 같습니다. 이 책을 통해 두 분께 감사함을 전해 봅니다.

종합병원을 떠난 이유

어렵게 간호대학을 졸업하게 되었고 취업을 하면 모든 것이 해결되는 줄 알았습니다. 적어도 돈을 걱정하는 일은 없을 테니 그것으로도 충분하다는 생각이 들었거든요. 서울과 수도권에 있는 대학병원에 취업하고 싶었습니다. 그러나 아르바이트를 병행하면서 성적이 크게 떨어졌고, 서류 원서에서 불합격되는 일이 수두룩했습니다. 다른 친구들은 졸업과 동시에 상반기에 취업이 되어 출근하는 경우가 많았습니다. 저는 상반기 취업을 도전했던 모든 서류에서 탈락하게 됩니다. 수도권은 더 이상 지원할 수가 없고 지방에서 찾던 중 대전의 모 대학병원에 원서를 넣었습니다. 다행히 그 병원에 취업이 되어 하반기 7월 입사로 정식 간호사가 되었습니다.

그러나 간호사라는 직업을 사명감보다 돈을 버는 수단으로 선택하며 시작한 일이었기에 넘어야 할 산이 가득했습니다. 가장 힘든 것은 3교대

52

근무도 아니고, 소위 태움이라고 하는 선배들과의 관계도 아니고, 일의 미숙함도 아니었습니다. 간호사는 환자를 사랑하는 마음이 있어야 할 수 있는 일입니다. 타인 존중이 되려면 우선 자기 존중이 되어야 합니다. 자신을 사랑할 수 없는 사람은 타인도 사랑할 수 없습니다. 그런데 저는 자기 존중부터 부족했던 사람입니다.

환자에게 주사를 놓으면서도 "걱정되시죠? 많이 아프셔서 큰일입니다." 이렇게 말을 하며 눈을 보고 다가가기보다 "조금만 참으시면 됩니다. 금방 끝납니다." 라는 말로 아무렇지 않게 환자 팔에 주사를 놓는 간호사였습니다. 주사를 놓는 일은 그저 내가 해야만 할 일거리로 다가왔으니까요.

환자가 남긴 잔반의 식기를 쳐다보며 "왜 식사를 이것밖에 못 드셨지, 어디 불편한 곳이 계신가?" 이런 생각을 해야 하는데 "나는 아직 밥도 못 먹고 이렇게 종종거리며 일하는데 다 남기셨네." 환자의 아픔이 아닌 나의 아픔이 더 크게 느껴져 간호사로 일을 하는 것이 그저 괴롭기만 했습니다. 못된 간호사로 일하며 만 4년이라는 시간을 그렇게 견뎠습니다. 그리고 퇴사를 결정합니다,

주변에서 모두 말렸습니다. 어렵게 들어간 종합병원을 왜 그만두는 것이냐? 더 좋은 조건으로 다른 병원으로 가게 된 거냐? 그러나 좋은 조건도 어떤 계획도 없었습니다. 퇴사를 결정한 이유는 하나입니다. 숨이 막혀 죽을 것만 같았기 때문입니다. 울면서 출근하는 날이 더 많았고, 이 일을 해야 하는 이유도 분명하지 않았습니다. 목표를 가지고 퇴사하는 경우도 있지만 저는 어떤 목표도 없이 살기 위해 선택한 퇴사입니다. 그러다보니

더 많이 헤매고 돌고 돌게 되었던 것 같습니다.

퇴사를 선택하며 후회는 하지 않았습니다. 4년이라는 시간 동안 최선을 다했으니까요. 환자에 대한 애정이 없을 뿐이지, 업무를 게을리해본 적은 없습니다. 선배들에게도 꼼꼼히 실수 없이 일을 잘한다는 칭찬을 많이 들으며 일했습니다.

사직서를 작성하기 전에 한 가지 자신에게 질문을 했습니다. 후회되더라도 그 몫까지 감당할 용기가 있느냐고. OK라는 대답을 듣고서야 사직서를 제출했습니다. 퇴사를 결정할 때 아무에게도 물어보지 않았습니다. 오직 한 사람. 저 자신의 대답만 있으면 됩니다. 물어보는 그 누구도 저 대신 직장을 다녀 줄 사람이 아니니까요.

장애아동시설의 난동 해결

다음 직장을 찾아봅니다. 종합병원으로 재입사하기는 싫었습니다. 교대근무가 없는 곳을 찾다 보니 장애 아동 시설 간호사 구인 공고를 보게 되었고, 입사지원을 했습니다. 그곳에서 두 번째 간호사로 일을 하게 됩니다. 집에서 차로 한 시간 정도 걸리는 곳이었기에 새벽 일찍 일어나 첫차를 타고 출근합니다. 병원 근무로 이미 익숙한 새벽 기상이라 그리

힘들지는 않았지만, 그곳은 간호사 한 명이 장애아동 40명을 돌보아야 하는 곳입니다. 주요 업무는 시설에서 생활하는 장애아동들의 건강상태를 관리하는 일입니다. 그러나 시설에서 근무하는 날보다 아이들을 데리고 병원 진료를 보러 외근하러 다니는 날이 더 많았습니다. 의사가 의무적으로 상주하는 곳이 아니었고, 장애아동들은 정기적으로 병원 진료를 보

고 약을 먹어야 하기 때문입니다. 온종일 차를 타고 아이들과 동행하는 날이 일주일의 대부분이었습니다. 외근하며 가장 힘든 일은 차멀미로 구토를 참을 수 없을 때입니다. 워낙 산속에 있는 시설이다 보니 구불길을 지나갈 때마다 올라오는 괴로움이 있었고, 가방 안에는 언제나 구토에 대비하기 위한 비닐봉지를 한가득 넣어 다녔습니다.

멀미보다 힘든 것은 상황에 따라 적절한 대처를 해야 하는 판단력이었습니다. 항경련제를 복용하는 아이가 비염으로 전반적인 컨디션이 안 좋아졌고, 갑자기 경련하기 시작했습니다. 병원에서 근무할 때는 도움을 요청할 수 있는 간호사도 있고, 주치의에게 연락하면 언제든지 적절한 대처를 할 수 있었습니다. 그러나 장애아동 시설은 간호사가 저 혼자이기에 상황에 대한 판단부터 대처까지 모두 감당해야 할 몫이 되었습니다. 응급 상황에서 가장 두려운 것은 당황하는 마음이 앞서서 대처 순서가 생각나지 않는 것입니다. 아이의 모습을 바라보며 머리는 이미 백지장처럼 하얗게 되어 아무것도 할 수 없는 상태였습니다. 심장박동은 얼마나 빨리 뛰던지 내 심장이 먼저 멈출 것 같아 견디기 힘들어 가슴을 몇 번씩 부여잡았습니다.

그 자리에 주저앉고 싶었지만, 용기를 냈습니다. 숨을 크게 한 번 내 쉬고 순서를 떠올려 보았습니다. 호흡곤란을 도와주기 위해 비치된 산소를 연결해서 산소마스크를 착용하고 자세 변경과 함께 경련 시간을 측정했습니다. 이미 항경련제를 복용하는 아이였기에 5분 이내에 멈추는 경련은 큰 의미가 없습니다. 그러나 경련을 시작하고 10분이 지나도 멈추지 않았습니다.

시설이 있는 곳은 종합병원에서 30분 거리에 있다 보니 구급차를 부르고 기다리는 것보다 시설에 구비된 차량으로 병원에 가는 것이 시간을 절약할 방법이었습니다. 경련을 지속하는 아이를 태우고 산소마스크를 실은 채 달리는 차 안은 그야말로 공포감으로 가득 메운 곳이었습니다. 병원 진료를 보러 차를 타고 가는 날과 다르게 시간이 멈춘 것처럼 한없이 길게 느껴졌으니까요. 지금까지 살아오던 시간 중에서 1분 1초가 가장 길었던 순간으로 남아 있습니다. 간호사라는 직업을 가지고 있어도 해 줄 수 있는 일이 유일하게 지켜보아야만 한다는 사실 또한 가슴을 아프게 했습니다. 의식이 없는 아이를 바라보며 할 수 있는 일이라고는 오로지 기도밖에 없었습니다.

종합병원 응급실에 들어가 진정제를 투약하고서야 경련은 멈추었습니다. 지독하게 찾아온 경련은 아이에게 의식 없이 며칠을 보내게 했고, 흡인성 폐렴(음식이나 이물질이 폐로 들어가 생기는 염증)으로 한 달 넘게 입원 치료를 받게 했습니다. 경련 시간이 무려 30분 이상이었고, 경련 시 삼킬 수 없던 침들이 모두 폐로 흡인이 되었기 때문입니다. 이날은 결혼식을 앞둔 하루 전의 일입니다. 결혼식을 하는 날부터 신혼여행을 가는 비행기 안에서도 아이의 모습이 스쳐 지나갔습니다. 조금 더 적절한 대처를 했더라면 흡인성 폐렴은 막을 수 있지 않았겠냐는 미숙함이 가져다준 후회였습니다. 병원에서 주치의의 오더로 대처할 때와는 다르게 책임감이라는 무게를 많이 느꼈던 일입니다. 혼자라는 외로움은 책임감을 함께 해 줄 사람이 없을 때 가장 깊이 다가오는 감정일 수도 있겠다는 생각을 잠시 했던 순간입니다.

이런 일들을 겪으며 출근하는 발걸음은 하루하루가 긴장감으로 가득 찼습니다. 퇴근하고 나서도 언제 울려 댈지 모르는 전화에 대기하는 마음이 불편하기도 했으니까요. 병원에서 근무할 때 주치의가 이런 기분을 느끼지 않았을까 웃으며 공감해 보기도 했습니다. 연락이 늦는 주치의에게 "왜 이렇게 연락을 안 받는 거지?" 하면서 투덜대던 일이 생각났거든요. 간호사들이 호출하는 삐삐 소리가 꽤 신경이 쓰였을 텐데 군소리 없이 달려오고 전화하는 마음이 사명감 없이 할 수 있는 일이 아니라는 것을 증명하고 있었던 거죠.

힘든 순간들의 연속이었지만 '힘듦'이라는 글자 안에서도 보람은 있었습니다. 한 아동은 뇌 병변이라는 병명으로 9년을 살아왔는데 항경련제를 먹어도 경련이 지속되고 있었습니다.

경련이 점점 심해지면서 움직일 수 있는 시간이 줄어갔고, 심지어 머리둘레가 지속해서 커지고 있었습니다. 커지는 머리둘레로 경련만 시작하면 머리손상이 생겨 헬멧까지 제작을 해서 착용했던 아이입니다. 그 아동의 정확한 병명을 찾기 위해 의사가 추천하는 병원마다 꼬리에 꼬리를 물고 이어 가듯이 진료를 보았습니다. 네 군데의 진료를 보고서야 희귀질환의 일종이라는 것을 발견하고 그에 맞는 치료를 시작할 수 있었습니다.

단백질 대사 이상이라는 증상을 만든 희귀 질환이었는데, 단백질이 들어 있는 음식을 섭취하면 독이 되어 두뇌에 쌓이는 병입니다. 그 독으로 인해 머리둘레가 지속해서 늘고 있었고, 경련도 멈추지 않았다는 것을 알게 되었습니다. 근무하던 시설은 부모가 없는 아이들이 대부분이었고, 부모가 있어도 가정에서 돌봄이 어려운 아이들이 유로로 시설비용을 지불

하고 생활하는 곳입니다. 이 아이는 부모가 있는 아이였는데 정확한 병명을 찾았다는 이야기를 듣고 많이 기뻐하셨고, 치료에 대한 희망을 찾을 수 있게 된 일이었습니다.

이 일로 원장님으로부터 열정을 인정받았습니다. 그동안 근무하던 간호사보다 연령도 어리고 병원 경력도 짧지만 포기하지 않고 도전한 마음을 칭찬해주셨거든요. 무엇보다 원장님은 간호사 출신입니다. 같은 일을 해본 선배 간호사가 인정해 주는 칭찬은 그 누구의 칭찬보다 값진 보상입니다.

장애 아동시설도 오랜 경력을 쌓는 직장이 되지는 못했지만, 종합병원에서 배울 수 없는 많은 것을 배웠습니다. 그리고 무엇보다 근무하는 동안만큼은 열정을 다해 일한 곳으로 기억하고 있습니다.

간호사 강사로서의 첫걸음

시설을 퇴사하고 같이 근무했던 선배의 권유로 신설 여성병원의 간호사로 일합니다. 그곳에서 실습을 나온 간호조무사 학생들을 만나게 되었고, 간호조무사를 양성하는 학원의 강사가 간호사 면허증 소지자라는 것을 알게 되었습니다. 강의를 한번 해보고 싶다고 생각했습니다. 병원에서 간호사로 일할 당시 프리셉터(신규간호사를 지도하는 교육 간호사)를 1년 정도 했었습니다. 신규간호사들이 가장 많이 이직하는 경우가 입사 후 1년 안쪽입니다. 업무에 대해 미숙함을 스스로 극복하는 것이 힘들기 때문에 경력 3년 이상인 간호사를 프리셉터로 지정해서 1:1 교육을 하는 것입니다. 교육 간호사로 일하면서 병원을 그만두지 않고 적응해서 잘 다니는 후배들을 보는 것도 꽤 보람되었던 기억이 났습니다. 강의를 도전하게 된 하나의 계기가 되어 주었습니다.

또 다른 계기는 돈을 벌기 위한 목적이었습니다. 종합병원과 장애 아동 시설 간호사로 일할 때 보다 개인병원인 여성병원 월급은 적은 금액이었 거든요. 교차로를 보고 간호조무사 학원을 찾아갑니다. 강의 경력이 없는 초보 강사였지만 원장님이 흔쾌히 허락을 해주셨다는 것이 지금 생각하면 가장 감사한 일입니다. 첫 강의는 야간강의부터 시작을 했습니다. 당시 배속에 큰아이를 임신한 지 3개월에 접어들 때였습니다.

임신한 몸으로 낮에는 병원에서 일하고 밤에는 야간강의를 하며 만삭 까지 강의를 진행했습니다. 힘들었습니다. 임신초기라 잠이 밀려오는데 낮잠은커녕 야간강의로 밤잠도 줄여야 하는 상황이었으니까요. 그러나 몸보다 힘든 것은 학생들의 반응이 매일 가슴을 떨리게 했습니다.

강의를 처음 하다 보니 강단에 서서 눈을 어디에 두어야 할지도 막막했 습니다. 초임 강사로 일하며 가장 많이 한 일이 학생을 재우는 일이었습 니다. 초임 강사의 특징은 책을 읽어주는 것입니다. 책을 읽어주는데 졸지 않는 사람은 없으니까요. 시간이 지나 알게 된 사실이지만 원장님이 학생 들에게 초임 강사이니 너그럽게 봐달라고 사정까지 했다고 합니다. 나중 에 부족한 것은 원장님이 보충해 주시겠다는 약속까지 하셨다고 합니다. 원장님의 배려가 이 책이 세상으로 나오게 한 밑거름이 되어 주었습니다. 이 글을 계기로 인사드립니다. 원장님! 진심으로 감사드립니다.

전임강사로 스카우트 제의

2008년 노인장기요양보험제도가 실시되면서 요양보호사라는 직업이 생겼습니다. 간호학원 원장님이 요양보호사 교육원을 추가 개설하시면서 요양보호사 양성강의를 할 수 있겠냐는 제안을 하셨습니다. 제안을 받아들이고 여성병원은 퇴사했습니다. 오롯이 강사의 길만 걸어보기로 했습니다.

대답은 흔쾌히 했지만, 다시 두려움이 몰려왔습니다. 간호조무사 야간강의는 일주일에 두 번만 하면 되지만 요양보호사 양성강의는 주 5일을 해야 합니다. 눈을 어디에 두고 강의해야 하며, 내용도 익숙하지 않은 상태에서 새로운 강의를 한다는 것은 또 다른 도전이었습니다. 종합병원을 퇴사하며 했던 질문을 다시 했습니다. 감당할 수 있겠니? 후회할 수도 있는데. 여전히 대답은 OK이었습니다. 임신한 상태였기 때문에 어디 서도 저를 채용해 줄 곳은 없다는 것도 알고 있었습니다.

잠시 쉬면서 출산도 하고 양육도 하면 되는 것이 아니냐고 물어보실 수도 있습니다. 그러나 저는 일을 그만두지 않았습니다. 부모님의 반대결혼을 했고, 마이너스에서 시작한 신혼생활이었기 때문에 하루라도 빨리 돈을 벌고 싶었습니다. 신랑이 물론 직장생활을 하고 있었지만 혼자 버는 것보다는 맞벌이를 하는 것이 제가 할 수 있는 최선이었습니다. 출산 후 한 달 반 만에 아이를 봐주실 이모님께 맡기고 강의를 다시 시작했습니다. 모유 수유 중이었지만 유축기를 들고 다니며 빈 강의실에서 쉬는 시간마다 유축을 했습니다. 아이가 돌이 될 무렵까지 완전한 모유수유를 하며 아이도 키우고 강의경력도 쌓았습니다.

강의경력을 쌓기로 한 결정을 한 후 한 가지를 다짐했습니다. 더 이상 물러날 곳도 피할 곳도 없다면 부딪혀 보자. 노력해서 안 될 것은 없다고 생각을 했습니다. 미숙함을 인정하는 것부터 시작했습니다. 인정하는 것은 어렵습니다. 부족한 모습과 마주해야 하기 때문입니다. 부족한 모습을 부끄러워 말고, 아는 척하는 모습을 부끄러워하자. 이 마음으로 시작했습니다. 학생들과 눈을 맞추는 연습이 시작이었습니다. 간호조무사 강의와 다르게 요양보호사 강의를 듣는 분들은 평균나이가 50~60대분들입니다. 요양보호사 강의를 시작한 나이가 27살이었습니다. 가장 무서운 것은 수강생들의 시선이었습니다. 40명 정도 되시는 분들이 저만 쳐다보고 있으니까요. 강사 나이 중에서 제 나이가 가장 어린 나이였습니다. 나이 어린 강사가 강단에 서 있을 때 수강생들의 눈빛에서 "어린 나이에 무엇을 가르친다는 거지?" 이런 생각이 흘러들기도 했습니다. 눈빛에 무너지면 더 이상 강의를 할 수 없을 것만 같았습니다. 그래서 선택한 방법이 거울보기입니다. 거울을 보며 거울 속 저의 얼굴과 마주합니다. 내 눈을 똑바로 바라보며 말하는 연습을 수도 없이 했습니다.

다른 하나의 커다란 노력은 '졸음제조기'라는 별명에서 벗어나는 것입니다. 졸음을 깨울 수 있는 여러 가지 방법이 있지만 선택한 방법 중 하나가 유머입니다. 타고난 재능이 없으니 서점에서 유머 북을 한 권 사서 교재 페이지 3장마다 짧은 유머를 적었습니다. 그리고 졸고 있는 학생들이 보이면 적혀 있는 대로 읽었습니다. 그 유머에 꽂히는 분들이 웃어 주면 웃음소리에 졸고 있던 분들이 무슨 일인가 싶어 잠을 깨기도 했으니까요. 그 책을 버리지 말고 가지고 있을 걸 하는 아쉬움이 듭니다.

지금은 아무런 교재가 없어도 강단에 서기만 하면 수많은 이야기를 풀어나갈 수 있습니다. 그리고 유머 북이 없어도 잠을 재우지 않고 강의를 할 수 있습니다.

포기할 수 없는 강의

초임 강사부터 전임강사까지 8년을 일하던 교육원을 퇴사했습니다. 신랑이 미국회사로 이직했고, 1년 후 취업비자가 발급되면 아이들과 함께 이민을 계획하고 있었습니다. 아이들을 데리고 혼자 지내는 것이 두려워서 친정집 방 한 칸을 빌려 1년 정도만 같이 살기로 했습니다. 이사를 하면서 살던 곳이 아닌 새로운 지역으로 오게 되었고, 일을 쉴 수가 없어서 계약직 연구 간호사로 대학병원에서 잠시 근무하고 있었습니다. 그러나 강의하던 그때가 한없이 그리웠습니다.

친정집 근처를 지나갈 때마다 요양보호사교육원 간판이 눈에 자꾸 들어왔습니다. 그날도 교육원 앞을 지나가는 데 전화를 한번 해봐야겠다는 생각이 들었습니다. 그 용기를 가지고 교육원으로 전화를 해서 야간 강의를 하고 싶다고 원장님께 부탁을 드렸습니다. 이력서를 들고 방문해달라는 원장님의 답변을 듣고 그날 바로 교육원으로 달려갔습니다. 1년 후에는 미국으로 이민을 할 수 있어서 퇴사를 할 수도 있다는 양해 말씀을 드렸습니다. 그러나 "괜찮다."고 말씀하시며 흔쾌히 채용해 주셨습니다. 다시 행복이 찾아왔습니다. 이 행복은 강의를 듣고 웃음 짓고 용기를 내는 수강생들의 모습을 보는 것이었습니다.

친정엄마가 두 아이를 야간 강의하는 동안 돌봐 주시기로 해서 강의를 시작했으나 갑자기 직장생활을 시작하시면서 돌봄이 어렵게 되었습니다. 두 아이를 교육원에 데리고 출근하는 날도 있었습니다. 강의하는 동안 아이들은 교수실에서 놀기도 했고, 경비 일을 하시는 친정아버지를 따라 경비실에서 시간을 보내기도 했습니다. 심지어 친정엄마가 일하셨던 식당 놀이방에서 놀면서 강의하는 엄마를 기다려 주기도 했습니다. 강의비를 많이 받는 강의도 아니고 낮에는 연구 간호사로 일하면서도 아이들 돌봄을 포기하고 강의를 한 이유가 있었습니다.

자녀를 양육하는 동안 경력 단절이 된 여성들이 많습니다. 자녀들 다 키우고 일하려고 하면 전문가가 아닌 이상 재취업을 하는 데 있어 난관에 부딪히게 됩니다. 일을 그만두고 싶을 때마다 마음을 다독이며 떠올리는 문장이 있습니다.

"나는 돈을 모으는 것이 아니라 경력을 모으는 것이다."

현재 근무하고 있는 교육원에서 전임강사로 근무하게 된 과정입니다. 야간강의를 하는 동안 원장님이 주간 전임강사를 제안하셨습니다. 주간에 근무하던 전임강사가 갑자기 퇴사해서 공석이 되었기 때문입니다. 미국이민이 결정되지 않은 상태였지만 원장님은 다시 "괜찮다."는 말씀만 하셨습니다. 그 말씀 덕분에 오늘도 이 교육원에서 강사로 일하고 있습니다. 취업비자가 승인되지 않아 이민을 할 수 없게 되었거든요.

기회는 만들어가는 자의 몫입니다. 내가 원하는 근무조건을 가진 직장으로 취업이 되면 좋겠지만 조건에 맞는 곳을 찾기 위해 기다리기만 하면 시간은 흘러가 버립니다. 조건이 만족스럽지 않더라도 그곳에서 일을 하고 있으면 기회도 찾아오고 경력도 쌓여갑니다. 그 경력이 나중에 너 좋은 조건에서 일할 수 있는 소중한 자산이 되어주는 것입니다.

힘들 때가 찾아와도 포기하지 않고 부족한 부분을 하나씩 채워나가며 걸어온 길이 이렇게 15년 차의 경력을 만들었습니다. 이 여정을 걸어오면서 생각해본 문장이 하나 있습니다.

"하지 않았다면."

간호대학 졸업장을 사수하지 않았다면, 종합병원 간호사로 일하지 않았다면, 장애 아동시설 간호사로 일하지 않았다면, 임신 3개월의 몸으로 강의를 하지 않았다면, 요양보호사 전임강의 제안을 받아들이지 않았다면, 미국이민을 기다리는 동안 이력서를 들고 교육원을 찾아가지 않았다면, 이 책은 세상 밖으로 나올 기회도 없었을 것입니다.

"하지 않았다면."

현재 시점에서 과거를 회상하는 말입니다. 과거를 회상 해 보면 성공만 떠오르지 않습니다. 반드시 실패와 좌절했던 순간이 떠오릅니다. 그러나 실패와 좌절은 어느 시점에서 판단해야 하는 건가요? 모두 말리던 종합병원을 퇴사한 것이 실패한 삶인가요? 장애 아동시설 간호사의 일을 오래

하지 못하고 퇴사한 것이 실패한 삶인가요? 임산부가 여성병원 근무와 강의를 하며 견뎌 낸 삶이 실패한 삶인가요? 아이 돌봄을 포기하고 강의하던 모습이 실패한 삶인가요?

그 당시는 실패한 삶이라고 말할 수도 있습니다. 종합병원을 잘 다니고 있는 동료들이 좋아 보였으니까요. 임신하고 직장을 퇴사한 동료들, 아이들 양육을 하며 일을 잠시 내려놓은 동료들이 부러웠으니까요. 그러나 지금 시점에서 돌아보면 실패라는 말을 쓸 수 없다는 것을 알게 됩니다. 퇴사와 입사의 여정이 없었다면 천직이라 말하는 강사도 없으니까요.

실패한 삶은 시도해보지도 않고 포기하는 삶입니다. 시도하지 않고 후회하는 삶보다 시도해 보고 후회하는 것이 현명한 선택입니다. 시도하지 않고 알 수 있는 결과는 없으니까요. 두려워하지 않았으면 좋겠습니다. 두려워하는 대신 방법을 찾았으면 좋겠습니다. 제가 사용한 방법을 소개하려고 합니다.

추억이라는 말은 지나간 일을 돌이켜 생각해보는 것입니다. 아름답고 좋았던 기억을 말할 때 보통 추억이라는 말로 대신합니다. 그러나 힘들고 후회가 남는 선택이었어도 의미부여를 하면 아름답고 좋았던 기억으로 바꿀 수 있습니다. 그것이 후회도 추억으로 만드는 용기입니다.

강의 시간에 용기를 낼 때가 있습니다. 사진첩에서 사진을 한 장씩 꺼내듯이 추억을 꺼내야 할 때가 있거든요. 종합병원 근무를 하며 환자의 아픔보다 나의 아픔이 커서 퇴사했던 이야기를 전달하면 수강생들이 눈물을 흘립니다. 이야기를 시작하며 제 눈에 먼저 눈물이 맺히기 때문입니다.

나를 사랑하는 마음이 너무 작아서 쪼그리고 앉아있던 모습, 그런 모습이 있었기에 자신을 사랑하는 방법을 배우고자 노력했습니다. 사랑하는 방법을 알게 만들어준 한 장의 추억입니다.

장애아동시설에서 근무할 때 장애아동을 안고 업고 다니면 이상한 눈초리로 쳐다보던 사람들이 있었습니다. 이때 챙겨야 할 것은 내 마음보다 장애아동들이 상처받지 않게 하는 것입니다. 그 마음을 알면서도 타인의 시선을 더 의식하느라 사랑스럽게 바라봐주지 못했습니다. 아이들 눈을 바라보며 볼이라도 한번 따뜻하게 비벼 주었다면 좋았을 텐데. 그저 안타까움으로 남아 있습니다. 그런 모습이 있었기에 타인의 시선을 의식하는 것이 때로는 불필요 하다는 것을 알게 만들어 준 한 장의 추억입니다.

임신한 상태에서 강의할 때의 일입니다. 같은 자세로 서서 강의를 오래 하면 불러오는 배로 인해 혈액순환이 안 되고 발등에 부종이 생깁니다. 심하게 부종이 생기는 날에는 신발이 신겨지지 않을 때도 있었습니다. 부종 예방을 위해 무릎부터 발등까지 감싸주는 탄력 스타킹을 신고 강의실에 들어설 때는 배불뚝이 축구선수가 왔다고 말을 합니다. 탄력 스타킹을 신은 모습이 축구선수들이 신는 긴 양말과 비슷하게 생겼거든요. 긴바지를 입을 때는 보이지 않으나 종종 치마나 짧은 바지를 입는 날은 숨길 수가 없습니다. 이 모습을 보고 수강생들이 웃으면서도 안쓰러운 표정으로 바라봐 주셨습니다. 힘든 순간도 약간의 유머를 더하기 하면 한바탕 웃으며 흘려보낼 수 있다는 것을 알게 만들어 준 한 장의 추억입니다.

어떤 이야기도 추억이 될 수 있습니다. 아무리 힘들었던 기억도 지나고 나면 그 과정이 있었기에 지금의 내 모습이 있다는 것을 알게 되거든요. 이것이 세상의 이치입니다. 간호 대학생 시절부터 간호사 강사로 살고 있는 지금의 모든 여정을 돌아보며 많은 눈물이 났습니다. 그리고 잘 걸어와 준 자신을 토닥여 주고 싶습니다. 앞으로 또 어떤 길을 걷게 될지, 어떤 모습으로 살아갈지 알 수 없습니다. 그러나 한 가지는 정확히 알고 있습니다. 후회도 추억으로 만들 용기면 다 된다는 것을요.

제3장
간호사를 꿈꾸는 후배라면

어떤 간호사가 될 것인가?

"넌 어느 파트로 지원했어?"

"난 신생아실이 1지망이고, 소아청소년과 병동이 2지망이야."

"그래? 신생아실로 가면 배울 것이 없는데, 내과 병동이나 응급실, 중환자실로 가야 배울 것이 많지."

첫 근무를 하게 된 종합병원은 신입 간호사들에게 희망하는 근무 파트를 선택할 기회를 제공했습니다. 비유가 유달리 약해 실습을 힘들게 통과한 저는 신생아실을 1지망으로 넣었습니다. 다행히 3년 만에 신생아실은 신입 간호사를 받아주었고, 그곳에서 병원 경력을 쌓을 수 있었습니다.

간호사에게 병원 근무는 꼭 해야만 하는 의무는 아닙니다. 병원 경력이 없어도 간호직공무원 시험에 합격하면 보건소에서 근무할 수 있고, 보건교사 임용고시에 합격하면 학교에서 근무할 수도 있습니다. 이외에도 병원 경력을 요구하지 않는 곳은 많습니다. 그러나 간호사 선배들은 병원 경력이 지역사회 간호사로 일을 할 때 가장 기본기가 되어 준다는 조언을 많이 했습니다. 저는 이 조언을 새겨들었을 뿐입니다. 무엇보다 병원 실습을 마무리 해 본 경험이 병원 경력 쌓기에 도전할 수 있는 밑거름이 되어주었습니다. 다른 친구들 보다 배울 것이 적더라고 기본경력을 쌓는 것이 목표였습니다. 병원경력을 어느 정도 쌓은 다음 지역사회 간호사로 일할 계획을 잡고 입사했으니까요. 그리고 배울 것이 없다고 신생아실 지원을 말리던 동료들보다 그곳에서 오랜 경력을 쌓을 수 있었습니다.

병원 근무는 특별한 이익을 누릴 수 있는 권리와도 같습니다. 간호사면 허증을 취득한 간호사라면 병원 취업은 쉽게 넘을 수 있는 높지 않은 문턱입니다. 문턱 뒤에 숨겨진 비밀들은 선배들이 조언한 기본기입니다. 질환이 발생한 대상자를 치료하는 목적이 병원이라면 지역사회에서 만나는 대상자는 질환을 예방하고 조기 발견하기 위한 목적을 가지고 만납니다. 병원에서 증상이 발현된 환자들을 치료하고 간호를 해 본 경험은 질환을 조기발견 할 수 있는 통찰력을 습득하게 해줍니다.

그러나 가장 중요한 것은 권리와 의무를 적절히 만들어 보자는 것입니다. '나는 어떤 간호사로 일하고 싶은 것인가?" 라는 질문을 지속적으로 해보고 그에 맞는 답을 만들어 가면 됩니다.

"종합병원에서 오랜 경력을 쌓고 수간호사로 일해 볼까?"

"간호직공무원 시험에 합격해서 보건소에서 근무해볼까?"

"임용고시에 합격해서 보건교사를 해볼까?"

"교육원에서 강의하는 강사가 되어볼까?"

"산업체에서 일하는 산업 간호사를 해 볼까?"

저는 병원 근무를 하는 동안 간호직공무원 시험에 한 번, 보건교사 임용고시 한 번, 국민건강보험공단 심사간호사 시험 한 번, 이렇게 3번의 도전을 했습니다. 물론 모두 불합격이라는 결과 값을 만들었지만, 행동으로 옮겨 보았기 때문에 내 목소리를 내어 말해 볼 수 있습니다.

"후회는 없어. 나에게 맞은 간호사를 찾아가면 돼."

4년 동안 종합병원 간호사로 일을 할 수 있었기에 병원 경력이라는 의무와 특별한 이익을 누리는 권리를 모두 가질 수 있었습니다. 이렇게 만들어진 의무와 권리가 현재 간호사 강사의 길을 걸을 수 있는 원동력이 되어주었고, 지금도 질문하고 있습니다.

"나는 어떤 간호사가 될 것인가?"

병원 실습만 통과하면

어릴 적 비유가 유달리 약한 편이었습니다. TV에서 병원만 나와도 구토가 나와서 밥상을 돌려 밥을 먹는 아이였으니까요. 할아버지가 병원에 입원하셔서 병문안을 갔는데 눈에 보이는 것이라고는 시트에 묻은 핏자국과 몸에 꽂고 있는 온갖 주사들뿐이었습니다. 코를 찌르듯이 밀려오는 소독약 냄새 또한 입을 가리지 않고서는 잠시도 서 있을 수 없게 했습니다. 이런 이유로 간호사나 의사와 같은 직업은 절대 할 수 없는 일이라고 생각하며 자랐습니다.

작가가 되고 싶었지만, 작가 직업에 대한 확신이 없었습니다. 그리고 작가는 특출한 재능이 있는 사람만 할 수 있는 직업인 줄 알았습니다. 명확한 꿈이 없었으니 수능 성적에 맞추어 대학을 선택할 수밖에 없었고, 간호학과에 진학하면 취업의 문턱을 쉽게 넘을 수 있는 장점이 있어 권유받았습니다. 손사례를 치며 간호학과는 절대 진학할 수 없다고 말씀드렸지만, 선택은 둘 중 하나였습니다. 간호학과를 입학할 것이냐, 대학 진학을 포기할 것이냐? 라는 말만 하실 뿐 엄마는 단호했습니다.

고등학교를 다니는 내내 목표가 한 가지였습니다. 대학교 진학입니다. 대학 진학을 위해 글쓰기가 방해될까 봐 문예반 동아리도 포기하고 공부를 했으니까요. 대학을 포기한다는 것은 고등학교 3년이라는 시간을 송두리째 버리는 것과 같은 일입니다. 둘 중 한 가지를 선택할 수밖에 없었기에 간호학과 입학을 선택했습니다. 걱정했던 것보다 학교에서 이루어지는 수업은 그리 힘들지 않았습니다. 그러나 병원 실습만큼은 쉽지 않았습니다.

"○○○은 안 보이는데? 요즘 무슨 일이 있는 거야?" 1학년 2학기 첫 병원 실습을 마치고 학교로 돌아왔는데 늘 보이던 친구가 보이지 않았습니다. 병원 실습을 다녀온 후 적성과 맞지 않는 것 같아 자퇴를 고민하는 중이라고 전해 들었습니다. 병원실습이 끝날 때마다 강의실의 빈자리는 늘어만 갔습니다. 빈자리가 늘어나는 이유는 무엇이었을까?

간호학과는 반드시 병원실습이 병행되어야 하는 학과입니다. 실습은 현장 적응 능력과 실무능력을 점검하기 위한 중요한 과정입니다. 현장에서 근무하는 간호사 선배들을 보면서 "나는 과연 할 수 있을까?" 라는 질문을 끊임없이 자신에게 던져야 합니다. 이 질문에 대한 답을 찾지 못하면 빈자리의 주인공이 내가 될 수도 있겠다는 생각이 들었습니다.

비유가 약한 체질이 대학생이 되었다고 고쳐지는 것이 아닙니다. 여전히 병원 문을 들어서면 냄새로 힘들었고, 눈에 보이는 것들로 인해 가슴이 벌렁거리는 순간이 더 많았습니다. 점심시간에는 구토가 올라와 밥을 먹을 수 없는 날이 많았습니다. 수술실 실습을 하는 동안에는 수술 장면을 관찰하기보다 눈을 감고 수술 시간을 버티는 날이 대부분이었습니다. 심지어 실신 직전까지 가서 친구들의 부축을 받고 나온 수술실 실습 경험도 있습니다.

실습하는 동안 매일 같이 이런 말을 했습니다.

"큰일이다. 난 병원에서 어떻게 일하지?"

이런 질문을 하면서도 버텼습니다. 버틴 이유는 하나입니다. 물러날 곳이 없었습니다. 드라마나 영화를 보면 도주하다가 낭떠러지에 서게 되는 장면이 나옵니다. 뒤에서는 쫓아오는 사람들이 있고, 앞에는 깊은 물이 보이는 낭떠러지입니다. 이런 상황에서 주인공은 어떤 선택을 할까요? 모두 물속으로 뛰어듭니다. 물속이 두렵지 않은 것이 아닙니다. 그러나 뛰어든 이유는 하나입니다. 다른 선택이 없다는 것입니다.

저에게 병원 실습이란 낭떠러지 아래 깊은 물속과 같은 것이었습니다. 뒤에서는 갑자기 찾아온 가정경제의 어려움으로 학비도 낼 수 없었던 상황이 쫓아오고 있었고, 중도 포기를 하면 대학 졸업은 내 이력에 적을 수 없는 글자가 될 것만 같았습니다. 일단 물속으로 뛰어들어보고 그 상황에서 살아남기 위해 발버둥을 치는 방법을 택하기로 했습니다.

병원 실습을 온전히 완수했을 때 간호학과를 졸업할 수 있고, 간호사 면허증을 발급 받을 수 있습니다. 간호사 국가고시에 불합격이 되어도 재응시를 하면 되지만 간호대학을 중단하면 간호사가 될 수 없다는 것을 분명히 인지하고 있었습니다. 두려움에도 불구하고 행동하기로 했습니다. 그리고 병원실습점수는 통과되는 기본점수만 받기로 선택했습니다. 구토가 나와 간호사 선생님들의 눈치가 보여도 참았습니다. 실신 위기까지 가서 끌려 나오고 꾸중을 들어도 참았습니다. 실습점수가 최하위여도 통과만 되면 간호학과를 졸업할 수 있으니까요.

　병원 실습은 간호사에게 반드시 거쳐 가야 할 필수 코스입니다. 그러나 그 코스는 완주만 하면 됩니다. 걸어가든 뛰어가든 심지어 기어서 통과를 한다고 해도 마지막 골인점만 통과하면 아무런 문제가 없습니다. 지금 당장 힘들다고 포기하지 않았으면 좋겠습니다. 포기 대신 대안을 찾아 마무리하는 선택이 또 다른 출발을 하게 도와줄 것입니다.

나만의 속도를 찾자

거시적인 안목을 가지고 살 때 조급함도 걱정도 덜어낼 수 있습니다. 당장 눈앞만 바라보면 걱정거리가 많아 보입니다. 그러나 며칠 이후, 몇 달 이후, 몇 년 이후를 생각해보면 오늘 앞에 놓인 문제는 큰 문제가 아니었음을 알게 됩니다. 땅보다 하늘을 보며 살기 원했고, 하늘보다 우주를 바라보며 살기 원했습니다. 이런 생각을 하게 된 날부터 우주가 좋아졌고, 행성에 관심을 둘 수밖에 없었습니다. 우주의 행성들은 모두 자기만의 궤도에서 자기만의 속도로 움직입니다.

간호사로 살아가는 삶에 정해진 궤도는 없습니다. 간호사로 할 수 있는 일이 하나였다면 고민하고 방황할 필요도 없으니까요. 그러나 고민하고 방황하는 순간부터 나만의 궤도는 만들어집니다. 남이 하라는 대로 가자는 대로 움직이면 내 궤도는 남과 같아질 뿐입니다.

종합병원 간호사에서 장애아동 시설 간호사, 여성병원 간호사, 아동 전집 판매사원, 간호사 강사, 유튜버, 블로거, 이 책이 출간되면 작가라는 직업까지 나만의 속도로 나만의 궤도를 그리며 왔습니다. 간호사라는 직업을 앞세우며 걷는 여정 중에서 가장 많이 사랑받는 순간이 바로 오늘입니다. 아마도 독특한 부분이 있어서 좋아해 주고 사랑받는 것으로 생각합니다. 강의하는 간호사이고, 책을 좋아하는 간호사이고, 유튜브를 운영하는 간호사이고, 블로그와 인스타그램에 글을 쓰는 간호사이고, 책을 쓰는 작가 간호사이기 때문입니다.

남들과는 조금 다른 유별남과 독특함이 나를 돋보이게 해주고, 새로운 사람을 만나게 해주고, 꿈을 현실로 만들고자 하는 데 도움을 주고 있습니다. 앞으로도 독특함과 유별남을 더 많이 만들며 살아가는 간호사가 되려고 합니다. 아직 나만의 궤도 안에 넣고 싶은 것들이 많이 있거든요. 그러나 조급함도 걱정도 없습니다. 지금처럼만 진심을 담아 최선을 다한다면 분명히 넣고 싶은 것들을 모두 넣을 수 있을 것이라는 믿음이 있기 때문입니다.

제4장
나만의 자리를 만들어 가는 꿈

꿈을 키우려면 욕심쟁이가 되어야 합니다

"그렇게 애쓰며 살지 않아도 됩니다. 욕심이 너무 많은 거 아니에요? 자기만족이 없는 사람인가요?"

가까운 사람들에게 가장 많이 듣는 말이었습니다. 강사 직업 하나로 만족하지 못하고 지속해서 다른 일을 하려는 모습을 보며 욕심이 많은 사람이라고 생각하는 사람들이 있었습니다. 욕심쟁이 맞습니다. 강사 직업 하나로 만족이 안 되는 것도 맞습니다.

무엇에 욕심을 내고 있기에 직업 하나로 만족이 안 될까요? 강의가 천직이 된 이유가 자기중심적 목표인 나의 성장과 재미에서 타인 중심적 목표인 타인의 성장과 재미로 옮겨 가면서 부터였습니다. 강의를 듣는 분들의 삶이 변화되는 모습을 바라보면 욕심이 안 생길 수 없습니다. 맛있는 음식을 먹으면 다른 사람에게 소개해 주고 싶은 마음이 생깁니다.

한 번 먹는 음식도 이렇게 말해주고 싶은데 사람의 삶이 변화되는 모습을 본다면 가만히 있을 수가 없거든요. 더 많은 사람에게 영향력을 주는 사람이 되고 싶은 욕심이 지속해서 생기기 시작했고, 이런 욕심쟁이라면 기꺼이 도전해 보아야겠다는 마음이 꿈을 확장하게 되었습니다.

지금 사는 세상처럼 강의하기 쉬운 세상도 없습니다. 코로나로 인해 강의하는 사람들이 타격을 받는 직종이긴 하지만 이득이 되는 부분도 있습니다. 강의는 오프라인으로만 진행할 수 있는 게 아니니까요. 온라인으로 진행할 수 있는 기술과 환경이 제공된다면 상상 이상의 결과를 만들어 낼 수 있습니다. 물론 장점만 있는 것은 아니지만 단점은 잠시 뒤로 밀어두고 장점을 찾아보도록 하겠습니다.

사람이 갈 수 있는 길은 두 가지 길밖에 없습니다. 한 길은 긍정의 길이고, 다른 한 길은 부정의 길입니다. 바뀌는 상황 속에서 어느 길로 걸어갈 것인지를 선택하며 사는 것이 인생길 입니다. 두 개의 길 중에서 긍정의 길로 걸어가려는 노력을 많이 하며 살고 있습니다. 그래서 단점을 먼저 찾기보다 장점을 먼저 찾는 사람이 되었습니다. 한 개의 장점이라도 있으면 일단 그 장점만을 믿고 실행으로 옮겨보는 사람입니다. 실행력이 빠르다는 말을 많이 듣고 사는 이유이기도 합니다.

유튜브를 통해 강의를 하는 분들을 보면 시청뷰가 100만뷰를 넘어가는 경우가 많습니다. 강의 대상자가 100만 명이 된 것이나 마찬가지입니다. 이 영상들을 보신 분들의 삶이 조금이라도 긍정적으로 변화 되었다면 그 영향력은 위대하다고 말할 수밖에 없습니다.

"나도 언젠가는 100만 명까지는 아니어도 현재 강의장에 오시는 분들보다 더 많은 분의 삶을 변화시켜주는 사람이 되어야겠다."라는 욕심쟁이가 되어봅니다.

강사에서 유튜버가 되다

2020년 코로나19로 인해 요양보호사 5월 시험이 취소되면서 시험 날짜가 3개월 연장이 되었습니다. 공부하는 기간이 늘어나면서 혼자 공부하는 분들을 위해 복습 강의가 필요했습니다. 유튜브로 복습 강의를 해보는 것이 어떻겠냐는 교육원 원장님의 제안이 있었습니다. 교육원 제자 선생님들의 합격을 위해서라도 해야만 하는 상황이었습니다. 크게 고민하지 않고 시작을 했습니다. 시청뷰가 100만 뷰를 넘어가는 강의를 보며 나에게도 기회가 오면 언제든 잡아야겠다는 생각을 하고 있었기 때문입니다. 그리고 빠른 실행력을 가지고 있는 성격이 유튜브 시작도 빨리할 수 있게 도와주었습니다.

유튜브에 '요양보호사 강의'를 검색했습니다. 구독자가 많은 분의 채널 두 개를 구독해서 어떤 방식으로 진행하고 있는지 강의를 먼저 들었습니다. 강의 자료, 강의 내용, 강의 방법을 분석해서 따라 해야 할 것을 먼저 찾았습니다. "부러워하면 지는 것이다" 이런 말이 있습니다. 하지만 저는 반대로 생각하는 사람입니다. 부러워해야 따라갈 수 있다고 생각합니다. 부러워하는 마음이 있어야 닮아가려고 노력합니다. 닮아가려는 노력을 하다 보면 나만의 방법을 만들어 낼 수 있습니다. 창의성은 모방에서 나온다는 말을 믿고 있는 사람이거든요.

시험을 위한 유튜브 채널이었기에 개념 정리와 문제 풀이 위주로 먼저 시작했습니다. 코로나19가 확산하는 추세여서 예정된 시험이 한 번 취소되면서 전국적으로 시험응시 인원은 두 배로 늘어났습니다. 교육원 제자 선생님들만 500명이 시험을 봐야 했기에 운이 좋게도 구독자 수는 500명 정도로 시작했습니다. 그리고 매일 100명에 가까운 숫자로 구독자가 늘기 시작해서 한 달이 되기 전에 수익 발생을 위한 조건인 1,000명의 구독자가 형성되었습니다.

주변에서는 기회가 좋아서 때를 잘 만나서 구독자가 빠르게 늘어나는 것이라고 말하는 사람도 있었습니다. 부정하지는 않았습니다. 그러나 운이 좋은 것만 가지고 구독자가 늘어난다고 말하는 것은 과정을 모르는 분들이 하는 말입니다. 직접 해보니 쉬운 일이 아니라는 것을 알게 되었거든요.

유튜브 채널을 통해 보이는 이미지와 편집 기술이 좋다고 구독자가 늘어나는 것은 아닙니다. 물론 어느 정도 첫 시선을 끌어주는 역할은 합니다. 그러나 이미지와 편집 기술이 강의력을 이길 수는 없다고 생각했습니다. 한번은 클릭해서 강의를 들어볼 수는 있으나 강의 내용이나 진행 방식이 서툴다면 다시 들어주거나 구독하지는 않을 거니까요.

이 사실을 깨닫는 순간 강의 영상을 촬영할 때마다 마음을 더 많이 담았습니다. 제가 생각하는 강의력은 듣기에서 끝나는 것이 아니라 말하기까지 이어지는 소통이 있는 강의를 만들어 내는 것으로 생각합니다. 사람들은 듣기보다 말하기를 좋아합니다. 그런데 듣기만 하고 있으니 졸음이 오고 재미가 없어집니다.

그래서 강사 혼자 전달하는 강의 방식으로 촬영하지 않았습니다. 촬영을 하면서 중간에 퀴즈도 드리고 댓글로 답을 달아 달라고 부탁도 했습니다. 문제 풀이 강의를 촬영할 때는 문제를 읽어드리고 하나, 둘, 셋, 구령을 불러드렸습니다. 그다음에 답을 맞혀보라고 했습니다.

이런 강의가 지속되니 어느 날부터인지 본인도 모르게 구령을 같이 세고 있다는 댓글이 적혔습니다. 댓글을 읽는 순간 함께 하는 기분이라 힘이 났습니다. 목표한 일을 완주하기 위해서는 감당해야 할 일들이 많습니다. 그러나 혼자가 아니라 함께라는 생각을 하면 마음이 든든해집니다. 생각만 해도 든든하므로 위로가 되는데 서로에게 좋은 시너지를 주는 사이가 된다면 서로의 성장을 돕는 환상의 조합입니다.

저는 시험 전까지 목표한 강의를 모두 업로드 해야 완주를 하는 것이고, 제자 선생님들은 시험 전까지 강의를 모두 듣고 시험 대비 공부 내용을 잘 준비하는 것이 완주하는 것입니다. 같은 곳을 바로 보고 갈 수 있었기에 완주할 수 있었습니다. 서로의 완주를 축하해 주기 위해 시험 전날은 저희 자녀들과 함께 응원 메시지를 촬영해서 업로드도 하고 ,손 편지를 쓰고 낭

독해서 만든 영상을 업로드도 했습니다. 이렇게 주고받은 마음이 있었기에 시험이 종료된 후에도 구독을 취소하지 않고 영원한 구독자로 남아주시는 것 같습니다.

라이브 특강을 진행하는 날은 아주 오래전에 시험에 응시하셨던 제자 선생님들이 종종 참석해 주십니다. 그리고 댓글로 저와 후배 선생님들을 응원해주시기도 합니다. 이런 모습을 볼 때마다 저의 마음은 항상 따뜻해집니다.

유튜버가 되는 일이 쉬운 일은 아닙니다. 지금까지는 유튜브를 하며 좋았던 일들만 이야기했지만 안 좋은 일도 종종 있었습니다. 영상 업로드를 위해 수면시간을 줄이고, 여유시간이 없어져서 힘든 것이 아닙니다. 다름 아닌 영상에 남겨진 댓글이 힘들게 했습니다. 편집 기술이 좋지 않아 화면에 글씨가 작아 보인다거나 소리 음질이 안 좋아 듣기 불편하다는 댓글도 많이 있었습니다. 그러나 가장 마음을 힘들게 했던 댓글은 강의내용에 정성이 없다거나 모르니까 대충 넘어간다는 댓글이었습니다. 이런 댓글을 읽을 때마다 가슴이 내려앉는 기분입니다. 한 번도 정성을 다하지 않은 적이 없었고 모르는 부분을 대충 넘어간 적도 없었습니다. 지금까지 쏟아냈던 마음들이 모두 부정당하는 기분이었습니다. 저를 알고 있는 교육원 선생님들의 댓글이 아닙니다. 얼굴 한 번 본 적 없는 분들의 댓글입니다.

댓글 때문에 자살까지 하는 연예인들의 마음이 조금은 이해가 되었습니다. 자존감이 아무리 높아도 상처받을 수밖에 없는 것이 말과 행동입니다. 강의 영상이 마음에 들지 않으면 듣지 않아도 될 일인데 기분 나쁜 말을 댓글로 남겨야 할 이유가 있을까?! 이런 생각을 많이 했습니다. 성숙한

생각을 하는 사람만 있는 세상이 아니라는 것을 유튜브를 통해 다시 알게
한 일입니다.

상처로 남지 않고 스쳐 지나갔으면 했습니다. 그러나 스쳐 지나가지 않
았습니다. 상처가 되어 새살이 돋기까지 기다려야 했습니다. 무려 6개월
동안은 꼭 필요한 영상 외에 추가 업로드를 하지 않았습니다. 이 과정을
거치면서 깨달은 것은 상처가 되기 전에 미리 예방할 방법이 있다면 그 방
법을 찾아 지혜롭게 대치하면 된다는 것입니다. 이 방법이 댓글

사용을 중지하는 것이었습니다. 소통으로 구독자를 늘려가는 것이 아
니라 강의력으로 승부를 보자는 다짐을 했습니다.

2차 개편을 진행하고 있습니다. 이 책이 세상 밖으로 나올 때쯤이면 개
편이 모두 끝난 상태일 겁니다. 소통이 없이 진행되어도 구독자는 지속해
서 늘어나고 있습니다. 유튜브를 시작할 때 쏟아 부었던 열정만큼이 아니
기에 구독자 수가 폭발적으로 늘어나지는 않지만, 지속해서 늘어나고 있
어서 감사한 일입니다. 강의장 안에서 만나는 수강생들의 숫자는 정해져
있습니다. 그러나 유튜브는 수강생들의 숫자 제한이 없습니다. 나의 영향
력을 넓게 퍼트릴 기회의 장이 될 수 있습니다. 물론 부정적인 댓글로 상
처받고, 휴식에 들어가기도 했지만, 반면교사의 교훈으로 깨달음을 얻어
대처 방법까지 생각했습니다.

유튜브를 통해 이루고자 하는 목표는 하나입니다. 구독자 수가 많아지
고 인기가 많은 채널이 되면 더 좋겠지만 이것을 목표에 두지 않았습니다.
요양보호사 자격증을 취득하고자 하시는 분들의 대부분이 제 2의 인생을
준비하기 위해 오시는 분들이 많습니다. 시험이라는 돌다리를 통과해야

만 취득이 가능한 국가자격증입니다. 시험이라는 돌다리를 헛디디지 않고 잘 건너가서 자신 있게 제2의 인생도 펼쳤으면 좋겠습니다. 저도 제2의 인생을 준비하기 위해 지금처럼 책을 집필하고 있습니다. 제가 누군가에게 도움이 되면 그 도움은 언젠가는 부메랑이 되어 돌아옵니다. 꼭 필요할 때 꼭 필요한 사람을 통해 도움을 받을 것이라는 믿음이 있습니다. 그래서 구독자 수를 세어 보는 것이 아니라 꿈을 향해 걸어가는 분들의 숫자를 세어보는 유튜버로 남고 싶습니다.

강사에서 블로거가 되다

꿈을 꾸고 싶으면 꿈을 꾸는 사람을 찾아가고, 긍정적인 마음을 가지고 싶으면 긍정적인 사람을 찾아가면 됩니다. 블로그 안에 있는 모든 분들은 각자의 꿈을 이루기 위해 글을 쓰는 분들입니다. 이루고자 하는 꿈의 모양은 다를 수 있으나 그 꿈을 향한 열정과 도전은 같습니다. 같은 목표를 가지고 있기에 서로에게 필요한 것이 무엇인지, 어떤 메시지로 응원해야 할지도 잘 알고 있습니다. 마음을 열고 먼저 다가가면 마음이 맞닿는 지점이 반드시 생깁니다. 마음이 맞닿는 지점에서 진심을 이야기하며 서로를 위로하고 응원하게 되면 진정한 팬이라고 하는 진짜 팬이 만들어집니다.

2021년 9월 14일 블로그에 글을 쓰기 시작한 날입니다. 강의는 생각을 말로 전하는 일입니다. 말은 일회성이기 때문에 녹음 하지 않으면 한 번

이상 들을 수가 없습니다. 그러나 글은 기록해두면 횟수에 제한 없이 오래 읽을 수 있습니다. 강의하며 교재 내용과 관련된 정보나 글들을 작성해 두면 강의 시간에 활용하기가 좋습니다. 예를 들면 "치매 국가 책임제나 치매 예방 생활 습관과 관련된 내용을 작성해서 블로그 안에 담아두면 수업을 진행하면서 글 공유를 통해 정보 나누기가 쉬워집니다. 글 안에는 정보뿐만 아니라 생각과 감정을 담아 놓았기 때문에 글을 읽어 주시는 선생님들이 저를 이해하고 신뢰하는 하나의 경로가 되기도 합니다. 또한 시험을 대비하는 선생님들을 위해서 요점정리 및 기출문제를 블로그에 글로 적고 유튜브랑 연동을 해서 같이 진행하고 있습니다. 영상으로 들을 수 있는 분들도 있지만 시간이 허락되지 않아 글로만 읽기를 원하시는 분들도 있거든요. 그런 분들께 유용한 정보를 드리고 있습니다.

　블로그를 운영하는 목적이 수업 진행을 위한 정보공유에만 있지는 않습니다. 글쓰기를 강의만큼 좋아합니다. 글쓰기를 연습할 수 있는 인터넷 플랫폼이 많이 있으나 가장 쉽게 활동해 볼 수 있는 곳이 블로그입니다. 글과 그림, 영상을 모두 활용할 수 있는 곳이니까요. 교육원 수강생들과 요양보호사를 준비하는 분들을 위한 글이 정보를 전달하기 위한 목적이었다면 작가라는 꿈을 이루기 위해서는 독자들이 필요했습니다. 제가 쓴 글을 읽고 마음에 울림이 오는지 확인해 보고 싶었거든요. 그래서 잘 쓸 수 있는 글의 형태와 주제를 선정해서 반응을 보기 위해 글을 쓰기 시작했습니다. 책 읽기를 좋아 하기 때문에 책 리뷰로 먼저 시작했습니다. 감동 있게 읽은 내용을 적고 생각을 담았습니다. 이 글을 시작으로 자작글 까지 도전했습니다. 점점 반응해주시는 분들이 늘어나기 시작했고 자신감이 생겼습니다. 이 책을 쓰고 있는 오늘도 블로그에 한 편을 글을 쓰며 이웃들과 행복을 나누기했습니다.

글 속 주인공이 된 기분을 아시나요? 많은 사람이 읽고 공감해 주는 글이 가장 좋은 글이지만 글 속 주인공이 되어 읽는 글은 세상에 하나밖에 없는 특별한 글입니다. 마치 한 사람을 위해 쓰는 편지와 같은 글이니까요. 이런 글을 블로그에서 쓰고 있습니다. 마음이 맞닿았던 분들에게 글 속 주인공을 만들어 드리고 한 편의 편지를 전달하듯이 글을 선물하고 있습니다. 이 글을 읽고 행복해하시는 분들이 진정한 팬이 되어 블로그를 든든히 지켜주고 계십니다.

퇴근하며 피곤한 하루의 마무리를 저의 글을 통해 하신다는 댓글, 저의 꿈이 이루어지는 날 같은 행복을 느낄 수 있을 것만 같다는 댓글을 읽을 때면 블로그를 시작하지 않았다면 어찌했을까 라는 생각에 잠시 빠져보기도 합니다.

진짜 팬을 만드는 것을 목표로 블로그를 운영하면 꿈 앞에 도달하는 시간을 줄일 수 있습니다. 작가가 되는 것이 꿈이었고, 진짜 팬을 만들어가며 자신감이 쌓였습니다. 쌓인 자신감이 현재 책을 집필하게 만든 원동력입니다. 글을 쓰는 것이 목적이 아니라 글을 통해 생각과 마음을 표현할 수 있다는 것만으로도 특별한 행복을 누리고 있다고 생각합니다. 글을 읽고 행복해하는 진짜 팬들을 보는 일은 세상 그 어떤 행복도 따라올 수 없을 만큼 큰 행복입니다. 가치 있는 일을 하는 사람 같은 기분이 들기 때문입니다.

블로그를 언제까지 운영할지는 아직 계획이 없습니다. 앞으로 어떤 주제를 가지고 운영하게 될지도 계획이 없습니다. 그러나 분명한 한 가지 계획은 있습니다. 지금처럼 마음을 주고받으며 행복을 나누기하는 분들이 한 분이라도 남아 있을 때까지 지속할 예정입니다. 너울이라는 사람의 글을 읽고 싶어 블로그에 찾아왔는데 읽을 글이 없어 되돌아가는 일은 만들지 않을 거니까요.

흐릿했던 꿈을 선명하게 그려갈 수 있게 만들어준 곳이 블로그이고 블로그에서 만난 소중한 인연들과 행복이라는 그림을 그릴 수 있어 오늘도 감사합니다.

강사에서 작가가 되다

어느덧 2021년의 마지막 날이 되었네요. 블로그를 시작하고 그동안 많은 일들과 감정을 이곳에 담았습니다. 그러나 오늘 마지막이 끝이 아니라는 것을 다시 한 번 다지기해봅니다. 인내심과 지속력이 약한 저 자신에게 내뱉는 새해의 메시지입니다. "끝까지 가라. 하고, 하고, 또 하라." 완벽한 웃음을 지을 수 있을 그 순간까지 아직 싸움은 진행 중이니까요.

2022년 저의 자작 글로 책을 출간할 꿈을 그려봅니다. 2022년 10월이면 1년이라는 시간 동안 글을 쓰는 것이며 그때 모아둔 글로 전자책이든 종이책이든 책이라는 결과물을 만들어 내고 싶습니다. 출판사에서 나를 모르니 내가 찾아가야 할 일이 생기겠지요. (유명 인사가 아니니까요.) 그래도 좋습니다. 그럴 용기까지 담아내지 못하면 할 수 있는 게 무엇이 있겠습니까? 이런 글을 쓰는 이유는 첫 번째, 저를 다그치기 위함입니다. 두 번째, 이웃님들께 도움을 요청하는 것입니다. 지켜봐 주시는 것만으로도 충분합니다. 누군가가 바라보고 있다는 생각이 한 발을 내딛게 하거든요.

2021년 12월 31일 블로그에 작성한 글입니다. 이 글을 작성하고 댓글로 이웃님 한 분이 찾아오셨습니다. 먼저 작가의 길을 걸어가셨던 분이기에 올해는 글쓰기에 대한 코칭을 받고 싶다고 도와 달라고 부탁을 드렸습니다. 동행해 주신다고 약속을 해주셨고 글쓰기 강좌를 소개해 주셨습니다. 이곳에서 글쓰기부터 책 출판 과정에 대한 강의를 들었습니다. 강좌마다 내주시는 과제를 수행하고, 글쓰기에 도움이 되는 도서를 추천받아 읽었습니다. 이렇게 작가의 꿈을 향해 한 걸음씩 내딛기 시작 했습니다. 줌으로 만나는 강의를 듣고 난 날은 잠이 오지 않았습니다. 벌써 작가가 된 것처럼 가슴이 벅차올라서 진정시키는 데까지 오랜 시간이 걸렸습니다. 강의를 마치고 취침에 들어가는 새벽이 될 무렵 블로그 이웃 한 분과 소통하며 가슴이 벅차오른다는 말을 전했습니다. 피곤할 수 있으니 건강을 먼저 챙기라는 한마디에 진심으로 걱정해 주는 마음이 느껴져서 행복했습니다. 이렇게 작가에 대한 꿈의 과정도 혼자가 아니었습니다. 블로그를 통해 만난 분들과 책을 쓰고 있는 지금도 함께 합니다. 〈끝까지 가라〉 글에서 부탁드린 것처럼 지켜봐 주시는 분들이니까요.

글쓰기 강좌 오리엔테이션 첫날 어떤 책을 쓰고 싶은지 질문을 하셨습니다. 그 질문에 대한 대답은 이렇게 했습니다.

"아직 잘 모르겠습니다. 현재 사랑을 주제로 시를 쓰고 있으나 자기계발서도 꼭 한번 써 보고 싶습니다."

사랑시를 쓰고 있었기에 시집출간을 목표에 두었습니다. 그러나 현재 에세이 형식의 자기계발서를 쓰고 있습니다. 이 책을 먼저 집필하게 된 이유를 지금은 알 수 없지만, 세상에 나오고 나면 알게 될 것입니다 . 책의 주제는 다를 수 있으나 작가의 생각은 같습니다. 글을 쓰는 너울의 생각을 궁금해하고 기다려 주시는 분들이 독자가 되어 주실 것을 알기 때문입니다. 오히려 예정된 방향이 아닌 다른 방향으로 가고 있어 걸어가고 있는 순간마다 기대감이 너해집니다. 작가라는 목적지에 도달하는 그 날까지 기대감을 즐기며 걸어보려고 합니다.

　강사로 시작해서 유튜버, 블로거, 작가로 꿈을 확장해 가며 알게 된 공통점이 있습니다. 세 가지의 일은 나만의 자리를 만들어 가는 것입니다. 유튜버, 블로거, 작가의 직업을 가지고 계신 다른 간호사 강사도 많을 것입니다. 그러나 이 꿈을 꾸며 성공의 길을 가기 위해서는 앞서가신 분들을 흉내 내며 따라가는 것이 아니라 존재하지 않았던 새로운 자리를 찾아보고 그 자리를 만들어 가는 것입니다. 존재하지 않았던 자리가 무엇일까요? 강사와 유튜버, 블로거, 작가라는 직업은 사람을 대상으로 한다는 공통점이 있습니다. 사람을 대상으로 할 때 꼭 필요한 것이 사랑입니다. 그런데 사랑만큼 어려운 것도 없습니다. 사랑이라는 감정은 주는 사람의 마음도 중요하지만 받는 사람이 느낄 수 있게 하는 것이 더 중요합니다. 사랑을 주고 있다고 말 하지만, 상대가 느낄 수 없는 사랑을 주고 있었던 것은 아니었는지 생각해 보게 되었습니다.
　하트를 심장 또는 마음이라는 뜻으로 해석합니다. 사람의 마음이 심장에서 나온다는 옛사람들의 생각에 따라 마음, 열정을 뜻하기도 합니다. 원래 감정은 심장이 아닌 뇌에서 나오지만, 감정의 변화에 따라 심장박동이 증감하기도 하므로 아주 틀린 말은 아닙니다. 보통 하트를 그릴 때 가운데 점을 기준으로 양쪽의 크기와 모양을 같게 그립니다. 그러나 실제 심장은 가운데 점을 기준으로 평행하게 위치하지 않습니다. 심장의 가장 아래쪽 끝 좁은 부위를 심첨이라고 하는데 이 심첨은 좌측으로 약간 기울어져 있습니다. 의학적 구조는 이러하나 의미를 붙여보고 싶습니다. 사랑이라는 것을 느끼려면 주는 사람과 받는 사람이 평행한 위치에 서서 주면 사랑을 느끼기 어렵다고 생각합니다.

인문학으로 꿈을 그리며 가는 이웃님 블로그 글에 '상대를 수단이 아닌 목적으로 대하라'라는 문장이 있었습니다. 18세기 철학자 임마누엘 칸트의 정언명령입니다. 관계의 본질에 충실한 관계는 없다. 목적이 있다면 상대방 그 자체이다. 어린 왕자에게는 그가 사랑하는 장미꽃이 있었습니다. 어린 왕자가 꽃에게 물을 주는 행위로 인해 자신이 무슨 이익을 얻기 위함이 아니라 단순히 그 꽃을 위한 행위라는 것입니다. 이런 사랑이 진짜 사랑 아닐까요?

사랑이 수단이 되면 받을 것을 계산하게 됩니다. 그러나 사랑이 목적이 되는 순간 받을 것을 계산하지 않습니다. 받을 것을 계산하는 사랑은 양쪽이 평행한 하트가 되는 것입니다. 받을 것을 계산하지 않고 주는 쪽이 더 크고 많은 사랑을 주면 실제 심장처럼 심첨이 한쪽으로 기울어진 하트가 됩니다. 계산하지 않는 사랑을 주는 새로운 자리를 만들어 가는 사람이 되고 싶었습니다. 물론 기존의 분들이 사랑 없이 이 일을 한다고 말하고 싶지 않습니다. 그러나 그 분들보다 조금 더 많은 사랑을 드리고 싶습니다. 그 사랑은 소통을 통해 만들어 가고 있습니다.

　요양보호사 시험은 2020년부터 시험지가 모두 공개가 되었습니다. 그러나 저작권보호법에 의해 원본을 공개하거나 유포하면 안 됩니다. 강사가 기출문제를 파악하는 것은 시험대비 전략 중 가장 중요한 일입니다. 기출문제 보다 좋은 문제는 없기 때문입니다. 기출문제를 유용하게 사용하기 위해서는 수고로움이 필요하긴 합니다. 파워포인트로 재편성을 해서 파일 형식으로 만들어야 하기 때문입니다. 작업시간만 5~6시간 정도가 소요됩니다. 작업을 한 기출문제는 필요하다고 요청하신 분들에게 메일로 전송 해드리고 있습니다. 메일에 기출문제를 첨부하며 간단히 응원 메시지도 적어서 보내 드립니다. 이렇게 보내드린다고 해서 저에게 오는 큰 이득은 없습니다. 그러나 꽃에 물을 주는 어린 왕자처럼 이 기출문제를 받고 시험에 합격하시기를 바라는 마음을 보내드리는 행위에서 사랑을 느끼고 행복합니다.

　요양보호사 강의를 듣고 한 번에 합격하면 다행이지만 재수하고 계신 분들도 있습니다. 재수강을 하시는 분들도 있겠지만 대부분은 시험 때까지 혼자 공부 하십니다. 또한 사회복지사나 간호조무사 자격증을 취득하고 요양보호사 자격증에 도전하시는 분들도 있습니다. 이분들은 42시간만 수강하시면 국가고시를 볼 수 있기에 160시간이라는 강의시간을 모두 듣지 않습니다. 수강 시간이 짧다고 시험문제가 적은 것은 아니기 때문에 나머지 과목은 혼자 공부해야 합니다. 이렇게 재수하시거나 자격증 소지자로서 공부하시는 분들은 종강 후에 소속이 없어 공부하기 힘들다는 것을 알았습니다.

블로그에 시험 대비를 위해 함께 공부하기를 원하는 분들을 위한 오픈 채팅방을 개설했다는 소식을 전하고 필요하신 분은 찾아 달라는 글을 남겼습니다. 얼마 지나지 않아 한 분이 찾아오셨습니다. 현재 상황을 여쭈어 보니 재수를 하고 계셨는데 교재도 없이 공부하고 계셨습니다. 그 분께 교육원에 있는 표준교재 한 권과 모의고사 문제 몇 개를 택배로 보내드렸습니다. 그리고 오픈채팅방에 블로그와 유튜브에 수록한 요점정리 강의를 하나씩 과제로 드리고 점검하기 시작했습니다. 어디까지 하셨는지 먼저 묻지 않고 답이 올 때까지 기다리고 있습니다. 마음이 조급하면 부담스러울 것 같아 먼저 오실 때까지 기다리는 방법을 선택했습니다. 오늘도 "다 했어요."라는 답을 듣고 다음 과제를 드렸습니다. 시험이 8월입니다. 이번에는 꼭 합격하실 수 있기를 기도하고 있습니다. 이렇게 인연이 되어 한두 분씩 도움이 필요한 분들을 만나고 있습니다.

"열 손가락 깨물어 안 아픈 손가락이 있나요?" 이런 질문에 "없습니다." 라고 답을 드릴 수 있습니다. 그러나 한 마디 덧붙이고 싶습니다. "유난히 아픈 손가락이 있습니다."

강의하며 수많은 수강생을 만나고 있습니다. 그중에서 유난히 아픈 손가락은 한 번 시도했으나 실패해서 두려움을 가지신 분이거나 혼자 공부하기가 어려워 답답해하시는 분들입니다.

최근 시험에 합격하신 제자 선생님이 아침 출근길에 커피 쿠폰과 함께 짧은 글귀를 보내오셨습니다. 자격증 하나 없이 살던 사람에게 자격증을 만들어 주셔서 자신이 너무 자랑스럽다고 하시면서 교수님이 등대 같은 사람이 되어주셨으면 좋겠다고 하셨습니다.

아픈 손가락이 되어 주시는 분들에게 오늘도 등을 대주는 등대가 되어 봅니다. 시험에 합격해서 자격증을 받고 자신을 자랑스럽게 생각해 주실 모습을 상상하며 오픈채팅방에 계신 분들에게도 어린 왕자처럼 주는 행위에서 행복을 느껴봅니다.

이런 소통을 강사, 유튜버, 블로거라는 일을 통해 만들어 갈 수 있습니다. 그리고 가장 결정적인 것은 지금처럼 흔적을 책으로 남길 수 있는 작가가 되고 있다는 것이 가장 의미 있는 나만의 자리입니다. 이런 글은 저만 쓸 수 있는 세상에 하나밖에 없는 이야기이니까요.

나만의 자리를 굳건히 지켜가기 위해 사명 선언문을 적어 두었습니다. 세 가지를 스스로 질문하고 답해 보는 것입니다. Whom, Where? (당신이 기여, 제공하기를 원하는 대상과 영역), What? (당신이 기여, 제공하기를 원하는 것), How? (어떻게 기여하고자 하는가?) 에 대한 답을 적으면 됩니다. 기여하기를 원하는 대상과 영역은 요양보호사를 준비하는 분들, 꿈을 꾸고 싶고 찾고 싶은 분들, 용기가 나지 않아 주저앉아 있는 분들입니다. 기여하기를 원하는 것은 전문성, 용기, 사랑, 따뜻함입니다. 어떻게 기여하기를 원하는가는 긍정적으로 생각하고 도전과 시도를 즐기며 그 모습을 통해 나누기하는 삶입니다.

나의 사명은 스스로 사랑이 가득하고, 모든 지식과 지혜가 차서 능히 서로 권하는 자, 즉 사랑과 지식을 통해 다른 사람의 성공을 돕는 것입니다. "내 형제들아, 너희가 스스로 선함이 가득하고 모든 지식이 차서 능히 서로 권하는 자임을 나도 확신하노라." (성경 로마서 15장 14절) 말씀이고 이 말씀은 내가 기억해야 할 사명의 배경이 되어주었습니다.

2014년도부터 현재까지 쓰고 있는 3p 바인더가 있습니다. 바인더 가죽이 닳아 가루처럼 떨어져 내려도 애정하고 있는 이유는 이 바인더를 통해 꿈, 사명, 비전을 그리게 되었고, 그려 놓았던 그림이 현실이 되어가고 있기 때문입니다.

SNS 활동을 할 때 닉네임이 '너울'입니다. 너울의 사전적 의미는 해상풍이 강한 먼 지역에서 형성되어 전파해 온 파랑입니다. 바람에 의해 만들어진 풍파보다 파장과 주기가 길다고 합니다. 천재성을 타고난 훌륭한 분들도 많습니다. 그러나 저는 그런 인물에게 해당되는 사람이 아닙니다. 주변에 저를 도와주시는 분들과 함께 파랑을 일으키며 선향 영향력을 퍼트리는 사람은 될 수 있을 것이라 생각해서 너울이라는 닉네임을 지었습니다. 사명을 닉네임에 담아 너울이라는 이름으로 만난 모든 분과 사랑하며 사는 것이 저만의 자리를 만드는 일입니다. 이 꿈은 지속됩니다. 앞으로 어떤 직업이 제 이름과 함께 하게 될지 알 수 없지만, 끝까지 잊지 않고 기억해야 할 것은 사명 선언문에 작성했던 마음입니다.

공부를 하는 이유가 궁금해요

"공부를 왜 해요?"

이런 질문을 종종 받습니다. 강의 시간에 강의교재를 설명하면서 다양한 책의 이야기를 전해드리니 도대체 어떤 책을 어떻게 읽는지 궁금하다면서 교수실을 찾아오시는 분들도 계십니다. 전공 분야의 이야기만 전하는 것이 아니고 다양한 사례들을 들어 설명하니 그저 그 모습이 신기하고 궁금하다는 것이었습니다.

어느덧 강사 15년 차. 그동안 주제는 강의교재로 정해져 있었지만 주제와 관련된 강의를 하기 위해 책을 읽고 영상을 들으며 느낀 점은 강의는 결국 '공부'라는 사실입니다. 강사로서 좋은 강의를 만드는 방법은 오직하나, 치열한 공부와 노력밖에 없다고 생각합니다. 강의 능력이 엄청나게 탁월한 것도 아니고 타고난 재능을 가진 것도 아닌 나를 강사로 버틸 수 있게 해 준 건 바로 끊임없는 공부였습니다.

좋은 강의는 강의내용이 기억에 오래 남게 해야 합니다. 좋은 강의로 기억되기 위해 공부를 하고 있습니다. 요양보호사 시험을 통과하기 위한 공부가 아니라 자격증 취득을 하고 현장에서 요양보호사로 일하는 동안에도 기억하고 있어야 하기 때문입니다.

기억에 오래 남게 하는 강의 방법 중 가장 중요한 것이 말하려고 하는 내용을 분명하게 인식하는 것입니다. 강의 내용을 전할 때 확실하게 내용을 파악하고 이해한 뒤에 전하는 것과 그렇지 않을 때는 목소리부터 다릅니다. 모든 내용을 전문가만큼 완벽하게 이해할 수는 없습니다. 그렇기에 더욱 지금 내가 할 수 있는 한 최대한의 노력을 다합니다. 그래서 강의를 하기 전에 교재를 가지고 가장 먼저 하는 일은 공부입니다. 요양보호사 양성과정인 표준교재는 개편이 되지 않는 이상 내용이 크게 변경되지 않습니다. 그렇다고 한번 공부한 내용으로 같은 강의를 진행하지는 않습니다. 문장 속에 숨겨진 의미들을 깊이 들여다보며 찾지 못했던 내용들을 발견하고자 노력합니다.

공자는 논어 〈위령공〉 편을 통해 "사달이이의辭達而已矣"라고 강조했다. "말과 문장은 뜻을 전달할 수 있으면 충분하다"는 뜻입니다. 무작정 현란하게 말하는 데만 몰두하다 보면 정작 말속에 담아야 할 본질적인 내용을 놓칠 수 있다는 말입니다.

문장들을 읽고 본질적인 뜻을 파악하고 그 내용을 전달해야 하는 것이 강사 역할입니다. 수강생이 혼자 책을 읽고 그 뜻을 파악할 수 있다면 요양보호사 공부는 독학으로도 가능합니다. 그러나 현재 독학으로 자격증을 취득할 방법은 없습니다. 그러니 강사의 역할이 중요합니다.

강의는 수강생들의 반응으로 끌고 간다고 해도 과언이 아닙니다. 뜻과 본질을 찾아주는 강의를 들으면 눈빛이 달라지고 집중해 주는 모습을 볼 수 있습니다. 이해가 잘 되어서 오래 기억할 수 있을 것 같다고 말해주면 성과가 바로 나타나는 경험을 하는 것이니 공부가 즐거운 것이 됩니다. 그 성취감이 얼마나 짜릿한지 한 번 맛보면 절내 멈출 수 없게 됩니다.

미친 듯이 몰입하는 공부를 해보자

공부를 통해 얻은 성취감은 기쁨입니다. 이러한 기쁨을 누리기 위해서는 몰입이 필요합니다. 몰입의 전제는 노력입니다. 심지어 중독이라 할 정도로 강박적으로 공부하며, 그렇게 하지 않으면 마음이 편치도 않습니다. 원하는 것을 얻을 때까지 파헤치고 찾아봅니다. 문장 속 단어와 한자 찾기는 기본입니다. 백과까지 열어서 관련된 정보를 수집합니다. 인터넷 백과가 워낙 잘 되어 있다 보니 관련정보를 손 쉽게 얻을 수 있습니다.

가장 많이 공부하는 내용이 치매입니다. 간호 대학생 시절에는 지금처럼 치매 대상자가 많지 않았을 때입니다. 그래서 노인 간호학 도서에 치매 내용이 많이 수록되지 않았고, 깊이 있게 배울 수도 없었습니다. 임상(병원)에서 치매를 돌보아 본 경험도 없습니다. 그러다 보니 간접경험으로 강의를 진행할 수밖에 없습니다. 치매와 관련된 전문 서적을 찾습니다. 주로 다니는 도서관 1층에는 '치매 극복 도서' 칸이 따로 있습니다. 그곳을 2주에 한 번씩 들러 신간들을 대여해서 읽습니다. 또한 치매는 인지 수준이 저하되는 질환이기 때문에 아동 발달 책을 찾아 나이에 따른 인지 수준의 정도를 파악합니다. 책만 읽는 것은 아닙니다. 인지와 관련된 유튜브 영상들을 보면서 치매 대상자의 상황에 대입시켜 보기도 합니다.

초등학교 시절 단거리 육상선수를 했습니다. 100m 골인 지점까지 무조건 앞만 보며 달려가던 승부욕이 강한 아이였습니다. 시골에서 자란 덕에 초등학생 내내 공부 보다는 동네를 누비며 놀기 바쁜 유년 시절을 보냈습니다. 조부모님 손에 자라다 보니 밭일을 나가시면 해가 져서 돌아오시기 전까지 오직 놀이는 뛰어다니는 것이었습니다. 중학교에 다닐 당시 체육 시간에 체력 급수가 있었습니다. 철봉 매달리기 항목에서는 1분의 기록을 가지고 있는 학생입니다. 1급도 아닌 특급이라는 급수를 가진 전교에서 찾아보기 드문 체력 특기생이었습니다. 한번 몰입하면 숨이 몰아 찰 때까지 버티는 훈련이 운동을 통해 습득된 것 같습니다. 공부할 때도 이해가 될 때까지 찾아봐야 끝이 나는 사람이니까요. 그런데 중요한 것은 이런 공부 습관이 학창 시절에 있었다면 전교 1등부터 서울에 있는 유명대학에 입학했을 것입니다. 그러나 저는 고등학교 아니 대학까지 몰입하는 공부를 하지 못했습니다. 몰입하는 공부 방법을 알지 못 했으니까요.

성인이 되어 수많은 공부 책을 읽으면서 몰입 공부법을 터득했고, 강의하면서 수강생들을 가르쳐야 하니 어떻게 해야 잘 가르칠 수 있을 까? 를 고민하며 찾아다니게 된 것입니다. 구독을 하고 있는 유튜브 채널 중에서 중고등학생들이 시청하는 공부법에 관한 채널만 10개가량이 있는 이유입니다. 가장 애정해서 보는 채널은 서울대 졸업생들이 알려주는 공부법이 담긴 영상입니다. 이 채널의 영상을 시청하며 강의에 적용될 부분을 메모하고 실행에 옮기고 있습니다. 그러니 미친 듯이 몰입을 하는 공부는 누구나 할 수 있는 공부이며, 시기가 정해져 있지도 않다는 것을 증명하는 순간입니다. 이 책을 읽는 모든 독자 누구나 도전이 가능한 것이 공부입니다.

책이랑 연애합니다

밤 12시부터 다음 날 아침까지는 무제한으로 통화를 할 수 있는 커플 요금제가 있었습니다. 12시가 될 때까지 졸린 눈을 비벼가며 기다렸다가 전화하고 목소리를 듣고서야 잠이 들었습니다. 자주 볼 수 없는 장거리 연애를 7년 동안 하다 보니 그 어느 커플보다 애틋한 마음을 가진 두 사람이었습니다. 연애할 때는 24시간 보고 싶습니다. 몸이 떨어져 있으면 목소리라도 들어야 안심이 되는 상황이니까요.

지금도 이런 연애를 합니다. 대상이 배우자가 아닌 책으로 바뀐 것뿐입니다. 눈에 안 보이면 불안하고, 만나지 못하면 보고 싶은 마음에 그리움도 생기니까요. 그래서 출근하거나 외출할 때는 가방에 항상 넣고 다니는 것이 책이 되었습니다. 주변 사람들이 가끔 가방을 들어주면서 하는 말이

"도대체 가방에 뭐가 들어 있기에 이렇게 무거운 거냐고?" 그럼 저는 이렇게 대답합니다. "애인이 있습니다."

처음 책을 읽을 때는 한 권을 다 읽지 못하면 다른 책을 읽을 수 없었습니다. 그러나 지금은 한 권을 시작부터 끝까지 읽고 다음 책을 읽는 방법으로 독서하지 않습니다. 여러 책을 동시에 읽습니다. 식탁에 한 권, 방에 한 권, 직장에 한 권, 가방에 한 권 , 침대 옆에 한 권, 이렇게 손이 닿을 만한 곳에는 모두 책이 있습니다. 요리할 때도 책을 읽는 사람입니다. 가스레인지 옆에 작은 책꽂이를 둔 이유입니다.

책을 구입하거나 대여하면 책이 주는 메시지가 어떻게 다가올지 가슴이 설레기 시작합니다. 연애 시절 상대방을 만나기로 약속한 순간부터 행복했던 이유와 같습니다. 설렘으로 만나고 책 속 이야기에 흠뻑 빠집니다. 이 기분은 저자와 사랑하는 기분입니다. 책에 쓰인 문장들을 읽으며 저자가 기뻐하면 같이 기뻐해 주고, 슬퍼하면 같이 울어주며 저자의 마음을 그대로 느껴 봅니다. 연애하면 닮아간다고 하지요. 무엇이 닮아가는 것일까요? 생각이 닮아가는 것입니다. 저자의 생각을 엿보고 닮고 싶은 것은 따로 메모하고 실천까지 가보려고 노력합니다. 닮으면 안 될 것 같은 것들은 빠르게 흘려보냅니다. 이렇게 연애하듯이 책을 읽기 때문에 책 읽기가 즐겁습니다. 연애할 때만큼 행복한 것도 없으니까요. 책 읽기를 통해 만들어진 행복은 혼자 누리고 있지 않습니다. 행복해진 생각과 마음은 말과 행동으로 자연스럽게 흘러갑니다. 이 행복이 강의의 재료가 되어 강의 내용에 맛을 내고 있다고 생각합니다.

책은 조미료입니다

요리할 때 조미료의 종류가 다양합니다. 한 가지의 조미료만 가지고 음식을 감칠맛 나게 요리하는 것은 어려운 일입니다. 결혼하고 요리를 할 줄 몰라서 엄마에게 어떤 재료를 넣어야 하냐고 물어보면 엄마는 항상 같은 대답을 했습니다. "갖은양념을 넣으면 된다." 갖은양념이 무엇인지 들어도 알 수가 없습니다. 요리를 많이 해 본 엄마는 각각의 요리마다 어떤 양념이 필요한지 알고 계시니 자연스럽게 스쳐 지나가겠지만 초보자인 저는 가장 어려운 것이 양념의 종류를 파악하는 것이었습니다.

책을 편독하지 않고 다독하는 이유입니다. 한 우물을 파야 성공할 수 있으니 책도 전문적으로 한 분야를 깊숙이 읽는 것이 좋다고 조언하는 분들도 많습니다. 부정하지는 않습니다. 그러나 저는 한 분야를 연구하는 연구자가 아니기에 한 분야보다는 어떤 양념을 넣어야 맛이 좋은 강의가 될지를 생각하며 독서하고 싶었습니다. 각각의 분야마다 책이 주는 맛은 다를 수 있습니다. 그 맛을 어떻게 배합해서 감칠맛을 나게 할지를 고민하며 읽습니다. 모든 책이 분야만 다르지, 사람의 삶에 도움이 되는 지혜는 공통으로 모두 수록이 되어 있으니까요.

3P 바인더에 책 목록을 적는 칸이 있습니다. 추천을 받은 책이나 책을 읽다가 책 속에 등장한 참고도서를 추천도서 List에 적습니다. 도서관 대여가 가능한 책은 도서관을 이용하고 구매해야 할 것들은 구매를 통해서 독서합니다. 책을 읽고 난 후에는 독서 바인더에 수록된 본깨적(본 것, 깨달은 것, 적용할 것)을 나누어 적습니다.

본깨적 책 읽기란 저자의 핵심을 제대로 보고(본 것), 그것을 나의 언어로 확대 재생산하여 깨닫고(깨달은 것), 내 삶에 적용하는(적용할 것)책 읽기를 의미한다. 책을 읽었는데도 삶에 아무런 변화가 없었던 것은 책을 제대로 읽지 못했거나 읽은 것으로만 끝냈기 때문입니다.

2011년부터 시작한 다독의 독서는 2014년 본깨적 이라는 책을 만나 삶에 적용하는 독서를 하게 되었습니다. 지금도 블로그에 일주일 1~2권의 책 리뷰를 꾸준히 작성하고 있습니다. 저는 저만의 리뷰 방법이 따로 있습니다. 책에 수록된 내용만 소개하는 것이 아니라 책 내용을 통해 깨달은 내 생각을 구체적으로 적고, 내 삶에 적용할 것을 적습니다. 이런 리뷰를 읽으시고 관심을 보이시는 분들이 많습니다. 책의 내용을 가지고 자연스럽게 본인 이야기로 연결하는 방법이 궁금하다는 질문도 받았으니까요. 그러나 이 방법은 모두 〈본깨적〉 독서 훈련을 9년 가까이 해오고 있기 때문입니다.

블로그 책 리뷰를 작성할 때 제 생각은 파란색 글씨로 작성을 합니다. 파란색 글씨를 유달리 좋아하는 이웃분이 계셨습니다. 그분과 책을 읽는 자세에 대해 소통을 한 적이 있습니다. 책을 읽는 자세는 어떻게 해야 하는 것일까요? 이 질문을 주고받으며 드린 답이 "It's mine." 입니다. 독서는 책 속에서 내 것을 찾아내기 위해 읽어야 한다는 것입니다. 책을 읽는 동안은 채굴업자가 되어 책 속에 숨겨진 보석을 찾아내야 합니다. 그러나 보석을 찾는 것에서 끝나면 안 됩니다. 보석은 광물입니다. 비금속 광물로 다이아몬드, 옥수, 비취, 에메랄드, 사파이어, 루비 등이 해당합니다. 이 광물은 가공과정을 거쳐야만 장신구가 될 수 있습니다. 독서를 통해 찾은 보석을 삶에 적용하는 것이 가공과정과 같고 가공을 잘하면 멋진 장신구가 될 테니 이 장신구가 바로 자기 모습과 같습니다.

책을 읽으며 책 속의 상황이 나였다면 어떻게 했을까? 내 삶에 이런 문제가 찾아온다면 나는 어떻게 해야 할까? 오로지 '나'에 집중하며 읽었을 때 멋진 장신구로 탈바꿈되어 있을 것입니다. 오늘도 강의에 적용하고 내 삶에 적용하기 위한 감칠맛 나는 양념을 찾기 위해 채굴업자가 되어 한 권의 책을 읽고 있습니다.

배워서 남 주고, 벌어서도 남 주는 사람이 되자

인간이 임종 가까이 될 때 심리변화가 생깁니다. 심리적인 변화 중 하나가 누구나 죽는 순간까지 자신이 누군가에게 필요한 사람이길 원하고 주변인에게 짐이나 부담이 되고 싶어 하지 않는다는 것입니다.

임종 직전이 되면 주지 못하고 남겨둔 돈이나 물건이 있는지 또는 해주지 못한 말이 있는지 생각합니다. 돈이나 물건, 좋은 말도 좋지만 그 무엇보다 삶이 변화될 수 있는 기회를 제공하는 사람이 되고 싶었습니다. 그 기회가 바로 강의였습니다.

강사로서 공부하는 최종의 목적은 남 주기 위함입니다. 공부만 하고 세상을 위해 자신이 축적한 학문을 쓰지 않는 사람은 진정한 학자가 아닙니다. 돈만 벌어 세상을 위해 자신이 축적한 돈을 쓰지 않은 사람 또한 진정한 부자가 아닙니다. 책과 공부를 통해 먼저 사람됨을 공부하고 그다음은 바른 뜻을 가지고 반드시 세상으로 나가 줘야 합니다. 강의를 통해 수강생들에게 지식과 지혜를 흘려보낼 수 있다면 저는 비로소 진정한 학자가 되는 것입니다.

사기캐 아닌가요?

직장일 하고, 블로그에 글 쓰고, 책 집필하고, 육아와 살림을 하고, 운동까지 한다니 그저 '사기캐' 아닌가요? 블로그에서 소통하는 이웃님이 남겨주신 댓글입니다. '사기캐'가 무슨 뜻인지 몰라서 찾아보니 사기캐릭터라는 말이었습니다. 하는 일이 많으니 믿기 어렵다는 표현을 하신 것입니다.

사람에게 주어진 것들 중에서 내 마음대로 선택할 수 없는 것이 여러 가지가 있습니다.

그 중 한 가지가 부모님입니다. 큰딸은 종종 이런 이야기를 합니다.

"아빠가 ○○기업의 사장이었다면 어땠을까?"

다른 한 가지는 성별입니다.

"내가 여자가 아닌 남자로 태어났다면 어땠을까?"

안 되는 것을 알면서 물어보는 질문입니다. 저도 어릴 적에 한 번쯤은 해봤던 생각이었기에 웃고 넘어갈 수 있었습니다. 그런데 이런 질문은 하지 않더라고요.

"엄마, 만약 나에게 주어진 시간이 하루가 24시간 아니고 더 많은 시간이 주어졌다면 어땠을까?"

부모님과 성별에 대해서는 가끔 불평하면서 같은 시간을 부여 받은 것에 대해서는 불평하지 않습니다. 이유가 무엇일까요? 시간은 공평하게 부여 받았다는 것을 인정하고 있기 때문 아닐까요? 그 어떤 것보다 공평한 것이 시간입니다.

대학 시절 가정의 생활고로 학비와 교통비, 밥값은 아르바이트를 통해 벌어야 했습니다. 이때부터 생긴 습관이 "절약"입니다. 개강해서 종강이 될 때까지 필요한 식비와 교통비를 계산해서 모아둔 돈과 비교를 합니다. 모아둔 돈이 적은 경우 학기 중에 아르바이트를 다시 해야 하기 때문에 최대한 아껴서 돈을 쓰는 방법 외에 다른 방법은 없습니다. 버려지는 돈은 단 10원도 용납할 수 없는 일입니다.

돈을 절약하는 것과 시간 관리는 원리가 같습니다. "아깝다." 라는 생각을 가져보는 것에서부터 시작됩니다. 가진 돈이 한정되어 있기 때문에 물품을 구매할 때는 꼭 필요한 것인지를 여러 번 생각해서 신중하게 결정합니다. 시간도 한정되어 있기 때문에 꼭 필요한 일에 사용되는 것인지 신중하게 생각해야 합니다. 불필요한 물건과 불필요한 일에 시간을 사용하는 것은 낭비이자 사치가 되는 것이니까요.

꼭 필요한 물품인데 구매할 수 없는 경우가 종종 찾아오기도 합니다. 이럴 때는 대안을 생각해야 합니다. 그래서 저는 대안 법을 찾으며 살았습니다.

간호학과는 병원 실습을 학기 중에 실시합니다. 병원 실습을 진행하는 동안 환자(case)를 선정하고 구체적으로 실시한 간호행위를 작성해서 제출하는 리포트가 있습니다. 실습점수의 항목 중 하나가 리포트기 때문에 작성에 꽤 신경을 많이 써야 합니다. 〈임상간호○○○〉이라는 도서는 실습하는 간호 학생들이 많이 구매하는 책입니다. 그런데 책의 가격이 무려 10만 원이 넘습니다. 구매를 하고 싶었으나 그런 돈은 저에게 사치와 같은 것이었습니다. 학비와 교통비, 밥값 외에 다른 곳에 쓸 여윳돈은 준비하지 못했거든요. 오로지 친구들에게 빌려서 읽는 것뿐 다른 방법은 없었습니다. 책을 빌려 보는 대가로 리포트 내용을 공유해 주거나 필요한 정보를 더 많이 찾아서 친구들에게 나누어 주기도 했습니다.

(임상간호○○○ 책과 관련된 뒷이야기입니다. 병원에 입사한 후 첫 월급을 받고 나서 책을 구입했습니다. 이미 간호사가 되었고 실습 레포트를 써야 할 일이 없음에도 책을 구입한 이유는 그 당시 마음을 달래주고 싶었습니다. 여러 명의 친구들 눈치를 보며 빌려보던 서글픈 20살의 간호 학생을 토닥여 주기 위함이었습니다. 이 책은 몇 년 동안 소장하고 있다가 간호사나 간호 학생들이 소통하는 인터넷 홈페이지를 통해 저와 같이 구매가 어려운 간호 학생에게 무료 나눔을 했습니다.)

물품처럼 꼭 필요한 시간이 있어야 하는데 도저히 생기지 않을 때도 종

종 찾아옵니다. 이럴 때도 대안을 생각합니다. 시간을 만들어 보려고
　노력합니다. 하루는 24시간으로 정해져 있지만 잠을 자는 시간이 정해
져 있는 것도 아니고, 밥을 먹는 시간이 정해져 있는 것도 아닙니다. 단축
할 수 있는 시간은 줄이고, 낭비되는 시간은 모아야 합니다.

가계부는 기본이고 시계 부를 작성하라

"선생님, 혹시 넘어지셨습니까? 갑자기 깁스를 하고 오셨어요?" 한쪽 다리에 깁스를 하시고 목발을 짚으며 강의실로 들어오시는 수강생이 있었습니다.

운동의 중요성을 강조하는 수업을 합니다. 건강증진의 첫 번째 수칙이 영양 관리이고, 두 번째 수칙이 운동 관리입니다. 그런데 운동 관리에서 가장 중요한 것은 현재 운동 수준을 평가해 보는 것입니다. 깁스를 하고 오신 수강생은 현재의 수준을 먼저 평가했어야 합니다. 평소에 걷기를 하지 않으셨으니 걷기 시간을 조금씩 늘려가면서 운동을 해야 했는데 갑자기 오랜 시간을 걸은 것이 문제입니다. 천천히 걷는 양을 늘렸다면 인대가 갑자기 손상되는 일은 없었을 것입니다. 운동도 현재 수준을 먼저 평가하는 것이 중요하듯 시관 관리도 내가 사용하는 시간의 현주소를 아는 것이 가장 중요합니다.

　내가 사용하는 시간들이 어떻게 새 나가는지, 낭비되고 있는지를 모르는 상태에서 우선순위나 자투리 시간을 활용하는 것은 큰 의미가 없습니다. 하루일정을 적어 보면 됩니다. 나의 일과를 한 눈에 볼 수 있도록 적어 보면 시간을 어떻게 활용하고 있는지 파악할 수 있습니다. 어떤 일을 하는데 시간이 얼마나 걸리는지, 낭비하는 시간은 없는지 알 수 있습니다. 그리고 틈틈이 자투리 시간도 생깁니다. 이런 상황들을 파악하는 것이 중요합니다.

　세 자녀를 키우는 다둥이 맘이자 직장맘입니다. 하루 시간을 기록해 보니 활용할 수 있는 시간이 막둥이가 취침에 들어간 후입니다. 미라클 모닝의 효과에 대한 책을 많이 읽었습니다. 동기부여도 되고 시도도 해보았습니다. 그러나 어린아이가 있다 보니 새벽에 일어나면 아이도 같이 기상이 되어 시간활용이 어렵습니다. 이런 현실을 탓하기보다 대안을 생각해 보았고, 새벽형 인간 대신 올빼미형 인간을 해보기로 했습니다. 막둥이 취침 후 밤 10시 이후부터 12까지를 활용 하면 됩니다. 이 책을 집필하고 있는 시간도 올빼미형 인간을 하는 시간입니다. 잠자는 것을 좋아하는 사람인지라 취침시간을 줄이는 것도 꽤 적응하기 어려운 시간이었습니다. 시작하고 며칠 동안은 앉아서 졸고 있다가 침대로 들어가는 일이 많았으니까요. 공부를 시작하는 학생들도 책상과 의자에 앉아 있는 연습부터 하듯이 올빼미형이 되기 위한 연습이라고 생각했습니다.

숨겨진 두 시간은 인생을 플러스하게 한다

올빼미로 보낼 시간은 어떤 것을 해야 할까? 자기 계발에 조금이라도 관심이 있는 분이라면 하이젠하워의 시계사분면에 대해 알 것입니다. I 사분면은 중요하고 긴급한 일이다. III 사분면은 긴급하나 중요하지 않은 일이다. IV 사분면은 긴급하지도 않고 중요하지도 않은 일이다. II 사분면은 긴급하지는 않은데 중요한 일이다. 하이젠하워는 "긴급한 일 중에 중요한 일은 없고, 중요한 일중에는 긴급한 일이 없다." 는 유명한 말을 남겼다. 올바른 우선순위란 지금 당장 긴급한 일 보다는 급하지는 않지만 중요한 일을 먼저 하는 것이다.

시간 관리의 진짜 노하우는 II 영역의 일에 집중하는 것입이다. 그러나 II 영역에 해당하는 일은 긴급하지 않은데 중요한 일이라 결과물을 단기간에 얻어내기가 어렵습니다. 장래를 위해 하는 일들이기 때문입니다. 작가 지망생에게 장래를 위해 해야 할 일은 글을 쓰는 것입니다. 하루에 한 문장, 한 단락이라도 무조건 써야 합니다. 그래서 선택한 것이 블로그 글쓰기이고 2시간 동안 집중해서 글쓰기를 합니다. 2021년 9월 블로그를 시작하며 매일 새로운 글을 올리기 위해서 하루도 글을 쓰지 않은 날이 없습니다. 블로그를 처음 할 때는 새 글을 업로드하는 시간이 정해져 있지 않았습니다. 시간이 허락될 때 글을 쓰고 업로드를 했기 때문입니다. 그러나 2시간을 활용하면서 글을 미리 쓰고 다음 날 아침 정해진 시간에 새 글 업로드가 되었습니다. 이런 과정 덕분에 매일 아침 새 글을 읽으러 와주시는 고정 이웃님들이 만들어졌습니다.

꿈과 비전을 심어주는 강사가 되기 위해 해야 할 일은 독서입니다. 독서는 자투리 시간을 최대한 활용합니다. 강의하고 쉬는 시간 10분만 활용해도 하루에 40분 동안 독서를 할 수 있습니다. 보이는 곳에 항상 책을 두고, 가방에 한 권씩 들고 다니는 이유가 자투리 시간이 생길 때 마다 읽기 위함입니다. 독서 후에는 반드시 책 리뷰를 블로그에 남깁니다. 글을 쓰면서 내용이 정리되기도 하고, 삶에 적용할 부분을 기록해 두면 언제든지 확인할 수 있기 때문입니다. 그리고 강의에 적용할 내용들은 노트에 메모해 두었다가 강의교재로 옮겨 갑니다.

영상으로 시청할 수 있는 강좌들은 출퇴근 시간을 이용합니다. 출퇴근이 2시간 정도가 되나 보니 영상을 시청하기에는 충분합니다. 시청하고 싶은 강좌들을 주말에 선정해서 목록을 적어 둡니다. 책도 보고 싶은 책을 목록에 적고 도서관이나 서점을 이용하듯이 영상도 목록을 적어두는 것이 필수입니다. 시간이 지나고 나면 기억이 나지 않거든요. 가방에 책뿐만 아니라 노트와 볼펜을 가지고 다니는 이유입니다.

시간에도 진심을 다하자

"애교는 없어도 진심은 있는 여자입니다." 자기소개를 하라고 하면 항상 하는 말입니다. 거짓 없이 참된 마음이 진심입니다. 사람과의 이별을 해보신 적이 한 번씩은 있을 것입니다. 이별 후에 가장 많이 후회되는 것이 무엇이었나요? 함께 할 수 있을 때 못해 준 일을 떠 올립니다. 가장 힘든 이별은 죽음이 갈라놓은 이별입니다. 돌아올 수도 찾아갈 수도 없는 이별이니까요. 병원에서 간호사로 근무하던 곳이 신생아 중환자실 이었습니다. 미숙아로 태어나 엄마 품에 한 번 안겨보지도 못하고 죽음을 맞이하는 경우를 본 적이 있습니다. 가슴이 아픈 일입니다. 임종간호를 하면서 깨달은 것이 주어진 시간에 최선을 다하자는 것입니다. 후회를 남기지 않으려고 노력하는 것이 최선을 다하는 것이니까요.

죽음이 갈라놓은 이별처럼 가버리면 절대 다시 돌아오지 않는 것이 시간입니다. 그러니 주어진 시간에 최선을 다하기 위해서는 진심을 담아야 합니다. 글쓰기를 할 때도 글 속에 진심을 담아내려고 하고, 책을 읽을 때도 책 속에 담긴 저자의 마음에 공감하기 위해 진심을 다하고, 영상을 들을 때도 진심만은 놓치지 않으려고 애를 쓰고 있습니다. 진심이 통하는 순간 울림(공명)이 되어 생각과 행동이 변화되고 발전합니다. 생각과 행동이 발전하는 모습이 주어진 시간에도 진심을 다했다는 것을 결과물로 보여주고 있는 것입니다.

밖을 보는 눈이 아니라 안을 보는 눈을 크게 뜨자

"강사님은 요양보호사로 일을 해 보셨습니까?" 요양보호사로 재직 중인 분들에게 1년에 한 번씩 직무강의를 합니다. 15년 강의하면서 가장 당황했던 질문입니다. 요양보호사양성 및 직무강의를 진행하는 데 있어 요양보호사 자격증은 필수 조건도 아니고, 요양보호사로 근무한 경력도 필요 없습니다.

"죄송하지만 근무 경력은 없습니다. 그러나 근무 경력이 없기 때문에 직무강의를 하는데 유리한 조건이 된다고 생각합니다. 현장에서 요양보호사로 일을 해봤다면 현장의 상황과 적절한 타협으로 일했을지도 모릅니다. 간호사로 병원에서 근무할 때도 최선을 다해 원칙을 지켜보려 했으나 실패한 적이 여러 번 있었습니다. 원칙은 현실과 타협이 되는 순간 변칙이 되어 있을 겁니다. 그러나 요양보호사로 근무한 경험이 없기 때문에 변칙이 아닌 원칙을 설명할 수 있습니다. 이런 이유가 제가 가진 유리한 조건입니다." 이런 대답을 하기까지 오랜 시간이 걸렸습니다. 강사라는 직업은 수강생들에게 매일 평가를 받는 일입니다. 요양보호사 일을 해보지도 않은 사람이 도대체 무엇을 가르치겠다고 강의를 하는 것일까! 라는 마음으로 질문을 하신 것입니다. 강의하며 찾아오는 가장 큰 스트레스는 수강생들의 비판입니다. 강의 내용을 들어보기도 전에 강사가 가진 약력이나 경력으로 선입견부터 가지고 판단하는 경우가 있으니까요.

첫 강의를 시작하며 위와 비슷한 상황을 아주 많이 접했습니다. "나이도 어린 편인데 노인에 대해 알기는 하는 겁니까?" 병원 경력이 4년 밖에 없다면서 돌봄에 대해 잘 가르칠 수는 있는 겁니까?" "임상(병원)경력이 신생아중환자실과 분만실이면 노인과 아무 상관이 없는 파트인데 노인 강의가 가능합니까?" 이런 질문들과 마주하며 깨달은 것이 있습니다.

무엇보다 중요한 것은 감정적으로 대응을 하면 안 된다는 것입니다. 감정적으로 대응하는 것은 자신을 평가하는 기준을 밖으로 두고 있다는 증거입니다. 누구든지 평가에 자유로울 수는 없습니다. 게다가 사회생활을 하다 보면 자신의 기준대로 다른 사람을 판단하는 사람들을 종종 만나게 됩니다. 이때 감정적으로 대응하지 않으려면 평가하는 기준이 내 안에 있어야 합니다. 내 안의 마음과 모습을 보기 위해 눈을 크게 떠야 합니다.

나이가 비교적 어린 강사여서 노인에 대해 잘 모른다는 것을 인정하고 노인들이 계신 주간 보호센테에서 봉사활동을 했고, 병원 경력이 4년밖에 안 되어서 표준교재에 간호와 관련된 내용이 나올 때는 전공 서적을 찾아

원리를 이해하려고 노력했습니다. 치매 노인을 돌보아 본 경력이 없었기에 치매와 관련된 영상, 도서, 전문 서적들을 더 많이 찾아 읽었습니다. 나이가 어리다는 이유로 아는 것이 부족하다는 이유로 부끄러운 강사가 되고 싶지 않았습니다. 이렇게 매일 공부하는 모습이면 충분합니다. 어제보다 성장해 있는 오늘이라면 나는 충분히 잘하고 있는 거니까요. 정체되지 않고 매일 조금씩이라도 공부하는 모습을 통해 자신감이 생겼고, 감정적인 대응을 피할 수 있었습니다. 결국 평가는 타인에 의한 것보다 나 자신에 의한 평가에 엄격해야 한다는 깨달음이 스트레스 수치를 줄이고 있습니다.

단점을 장점으로 바꿀 수 없다면 무기로 만들자

내가 잘하는 것을 찾아 날카롭게 벼리는 노력은 중요합니다. 다른 강사들보다 나이가 어린 것이 단점이 되는 경우가 있습니다. 수강생들의 평균 나이가 50~60대이다 보니 강의를 시작한 20대부터 현재 나이인 40대에 이르기 까지 공감대 형성이 잘 안 됩니다. 이 단점을 보완하기 위해 이해하려고 많이 노력해 보았으나 쉽지 않았습니다. 그래서 현재는 정성을 다해 들어주되 공감대 형성이 어렵다고 스트레스를 받지는 않습니다. 못하는 것을 노력해서 끌어올려야 평범하고 평균이라는 것을 알기 때문입니다. 속 시원한 해결 방법을 제시할 수 없어도 최선을 다한 공감은 통하는 법이니까요.

나의 단점이 극복하거나 보완할 수 있는 것이 아니라면 바라보는 관점을 바꾸어 보면 됩니다. 나이가 어려서 더 잘 할 수 있는 부분을 찾아보기로 했고, 시청각 자료를 활용해보기로 했습니다. 핸드폰을 이용하는 수업은 영상이나 사진, 그림 등을 이용할 수 있어서 이해력을 높일 수 있습니다.

"핸드폰을 열어 주세요. 단톡방에 들어가시면 글이 하나 보이실 겁니다."

치매와 관련된 수업을 진행하는 경우를 대비해서 블로그에 먼저 정성껏 글을 작성해 두었습니다. 관련 영상도 첨부해서 넣고 관련 사이트도 남겼습니다. 치매와 관련된 책을 읽은 경우 독서 리뷰를 글로 남겨 놓기도 합니다. 이렇게 적어 두었던 글을 단톡방에 전송해서 같이 읽으며 수업을 합니다. 치매 자가 진단 수업을 할 때는 블로그 글에 작성해 둔 중앙치매센터 모바일 링크를 이용합니다. 수강생들 핸드폰에서 링크를 이용해서 직접 주관적 기억 감퇴 설문(SMCQ)을 체크하고 결과까지 알아봅니다. 결과에 따른 대처법까지 자동 연결이 되어 안내받으니 적용하기 쉬워집니다.

"교수님, 핸드폰 활용 방법까지 배우는 것 같아 일석이조입니다. 캡쳐하는 방법도 오늘 처음 알았습니다." 이렇게 미소를 띠며 말씀해 주시는 수강생들 덕분에 오히려 힘을 받고 있습니다.

이런 수업방식은 현재 우리 교육원에서는 저만 사용하는 수업방식 이자 무기가 되었습니다. 수업 복습 강의도 유튜브와 블로그로 하고 있다 보니 수업을 직접 들어가지 않는 야간반 수강생들도 저의 이름은 모르나 "참사랑 TV 김 교수, 블로그 너울"이라고 하면 다 알아주십니다.

무조건 이해하고 받아주는 기댈 언덕이 있어요

"김 교수, 점심시간에 그때 거기로 와요."

"네."

종일 강의를 하는 날은 점심을 먹어야 하니 점심을 사주시겠다고 식당으로 오라는 전화입니다. 점심시간이 짧은 터라 부랴부랴 뛰어서 식당 문을 열고 들어갔더니 제 발걸음을 보시고 식당 주인이 음식을 바로 들고 옵니다. 이미 식당 주인에게 이야기 해 놓으신 겁니다.

"어떻게 지내요?"

"제주 여행은 잘 다녀왔어요?"

"블로그는 사람들이 많이 찾아 들어오나요?"

"아픈 곳은 없지요?"

요즘 근황을 물어 보십니다. 그러면서 제 앞 접시에 초밥도 올려주시고 따뜻한 우동 국물도 리필해 주십니다. 와사비가 코를 찡하게 울려줘야 먹을 맛이 난다며 와사비 간장도 만들어 주십니다. 저는 한없는 배려를 받으며 따뜻한 식사 한 끼를 대접 받았습니다.

"요즘 얼굴이 좋아 보이는데 비결이 있어요?"

"네. 좋아하는 일을 찾았습니다. 그리고 그 일을 하는 즐거움이 솔솔 합니다."

"시간도 없을 텐데 강의하랴, 아이들 육아하랴, 거기에 책 읽기랑 글 까지 쓰고 있어요? 대단하네요. 정말! 김 교수가 진짜로 좋아하는 일을 찾아 다행입니다. 주변 사람들이 그러는데 좋아하는 일을 하고 있지 않기 때문에 좋아하는 일이 잘 보이는 거라네요. 그동안 간호사로 강사로 돌고 돌아왔지만 그 과정에서 얻어진 이야기가 글 쓰는데 아주 많이 도움이 될 거 같아요. 나중에 저한테도 한 번 보여줘요."

이분은 저희 교육원 원장님이십니다. 저에게는 아버지가 두 분입니다. 낳아주신 아버지 한 분과 다른 한 분은 직장 오너 이자 원장님입니다. 우연일 수 있으나 친아버지와 원장님의 나이가 같습니다. 아이들 준비물 사러 문구점도 못 간다고 징징대는 날은 조용히 저의 책상 위에 준비물을 사다 놓고 가십니다. 얼굴이 피곤하고 힘들어 보이는 날은 좋아하는 커피 한 잔을 책상에 올려 두고 가십니다.

"김 교수, 학원 아래 과일 집에 들러 가요."

메시지를 남기시는 날은 과일 두세 상자가 제 차 트렁크에 실립니다. 이 날은 점심 먹고 일어서는데 봉투 하나를 건네주십니다. "다른데 쓰지 말고 김 교수 먹고 싶고, 사고 싶은 거 해요" 친아버지와 나누지 못하는 대화를 이렇게 가끔은 원장님과 함께 나눕니다. 그래서 원장님을 양아버지라고 부르기도 합니다.

"가족 같은 직장은 없다"는 생각으로 살았습니다. 그러나 현재 근무 중인 교육원의 원장님을 만나면서 "가족보다 나은 직장이 있을 수도 있다."라는 말로 바꾸었습니다.

우리는 종종 최악의 환경 속에서도 희망을 찾고 성공한 사람들의 이야기를 듣습니다. 그들이 가지고 있던 단 하나의 공통점은 옹호자처럼 무조건 이해해주고 받아주는 사람이 있었다는 것입니다. 어떤 상황이 되어도 믿어주고 응원해주는 사람이 단 한 명만 있어도 그 사람의 인생은 180도 바뀔 수 있습니다. 제가 강의장에 들어서서 끝내는 순간까지 모든 강의 시간은 무조건 믿어주시는 분이고, 딸처럼 근황도 물어보시며 살피시는 분이 직장의 오너로 있으니 직장에서 받는 스트레스는 오다가도 머물지 못하고 지나갑니다. 오늘도 기대고 싶은 언덕인 원장님이 좋아서 2시간을 운전해서 출퇴근합니다.

'괜찮아'의 힘

"오늘 많이 힘들었나봐. 표정이 안 좋네. 당신이 제일 잘하는 거 있잖아. 오늘도 그 말 한번 해야겠네."

표정이 안 좋은 상태로 설거지하는 있는 저를 보며 신랑이 해 주는 말입니다. 힘든 일이나 스트레스가 찾아올 때마다 자주 하던 말이 있습니다.

말을 잘 못 하는 사람입니다.

"괜찮아요."

내가 잘 들어줄게요.

부끄러움을 많이 타는 사람입니다.

"괜찮아요."

내가 옆에 있어 줄게요.

노래를 잘 못 부르는 사람입니다.
"괜찮아요."
내가 같이 불러 줄게요.

이해를 잘 못 하는 사람입니다.
"괜찮아요."
내가 한 번 더 설명해 줄게요.

흠이 없이 완벽한 사람은
단 한 사람도 없습니다.

단지 흠을 감싸주어 어여쁘고 완벽하게
만들어 주는 당신이 있을 뿐입니다.

당신은 나에게 늘 말해줍니다.
"괜찮아요."
그리고 이렇게 바라봅니다.
"나의 사랑 너는 어여쁘고 아무 흠이 없구나."
  -너울-

흠이 없이 완벽한 사람은 없습니다. 완벽하게 만들어 주는 사람만 있을 뿐입니다.

저에게는 시에 적힌 말처럼 "괜찮아!"라고 말해주는 분이 계십니다. 마음속에 언제나 살아계시는 하나님이십니다. 자신감이 어디서 나오느냐고 물어보시는 분들이 많습니다. 서툰 것투성이인 사람은 믿는 곳이 있어야 자신감이 발동합니다. 제가 굳건히 믿고 계신 분은 매일 "괜찮아."로 토닥여 주고 계십니다. 그 토닥임으로 매일 어여쁜 사람으로 살아갈 수 있었습니다.

"비록 무화가나무가 무성하지 못하고 포도나무에 열매가 없으며 감람나무에 소출이 없으며 밭에 먹을 것이 없으며 우리에 양이 없으며 외양간에 소가 없을지라도 나는 여호와로 말미암아 즐거워하며 구원의 하나님으로 말미암아 기뻐하리로다. "(하박국 3:17~18)

위로받고 싶을 때마다 읽는 성경 구절입니다. 이 말씀으로 힘을 되찾고 "괜찮아!"를 말하면 그럼에도 불구하고 감사를 찾아올 수 있습니다.

"해야 할 일이 많다고? 괜찮아. 할 수 있는 능력을 주시는 분이 있잖아."

"진행 속도가 느려서 다른 사람들처럼 못 하고 있다고? 괜찮아. 느려서 더 꼼꼼하게 살피면서 할 수 있잖아."

"이번에 선택이 안 되었다고? 괜찮아. 더 열심히 할 시간이 생겼어."

상황이 나빠져도 당황하거나 좌절하지 않기로 했습니다. 그저 상황을 바라보며 "괜찮아."라고 말하면 문제를 받아들이고 어떻게 해결해야 할지 대안을 생각할 수 있으니까요. 걱정하는 마음보다 해결하고자 마음이 우선이 될 때 문제는 작아질 수 있습니다.

꿈과 비전이란?

꿈이 있습니까? 강의 시간에 수강생들에게 드리는 질문입니다. 수강생들의 대답이 빨리 나오지 않습니다. 가끔은 기다려도 들을 수 없는 대답이기도 합니다. 강의를 듣는 수강생들의 평균 나이가 50~60대이니 꿈을 생각할 나이가 지나서일까요? 아닙니다. 꿈에 대한 대답은 어떤 연령대를 막론하고 쉽게 대답하지 못합니다. 강사가 수강생들에게 드린 질문이지만 대답하려면 수강생들이 다시 자신에게 질문을 해야 합니다. 다른 사람에게 묻는 말이 가장 쉽고, 자신에게 묻는 말이 가장 어려운 질문입니다.

대부분의 사람이 자신을 잘 알고 있다고 생각하지만 그렇지 않습니다. 자신을 잘 안다면 꿈이 있습니까? 라는 질문에 바로 답을 할 수 있습니다. 내가 하고 싶은 것이 무엇이며, 내가 원하는 일이 무엇인지 생각하고 있을 거니까요. 그러나 답을 하지 못하는 것은 진지하게 생각해 본 적이 없다는 것을 증명하는 것입니다.

대답하기 어려운 다른 이유는 꿈 이라는 단어를 듣는 순간 직업을 떠올리는 경우가 대부분입니다. 그래서 요양보호사가 꿈이라고 대답하시는 분들이 종종 있습니다. 직업과 꿈은 완전히 다른 것이라고 부정하고 싶지는 않습니다. 그러나 직업에만 머물러 있는 꿈이 되지 않았으면 좋겠습니다.

꿈 이야기를 할 때마다 '꿈 너머 꿈'을 항상 생각합니다. 요양보호사가 되는 것이 꿈이라고 생각하더라도 요양보호사 너머 꿈은 무엇일까요? 아이들에게도 꿈이 있니? 라고 질문하면 직업을 이야기합니다.

"저의 꿈은 교사가 되는 것입니다. 저의 꿈은 의사가 되는 것입니다." 이 말을 듣고 "좋은 꿈이네, 교사나 의사가 되려면 공부를 잘 해야 하니까 열심히 공부해서 좋은 대학 가자." 이렇게 대답한다면 꿈에서 끝나는 것입니다. 그럼 꿈 너머 꿈은 무엇인가? "어떤 교사가 되고 싶은 거야?, 어떤 의사가 되고 싶은 거야?" 이 질문을 다시 해줘야 합니다. 그리고 답은 질문한 사람이 알려주는 것이 아닙니다. 질문한 사람이 알려주는 것은 질문한 사람의 생각일 뿐 교사가 되고 의사가 될 아이의 생각이 아니니까요.

요양보호사도 마찬가지입니다. "어떤 요양보호사 되고 싶으신가요?" 질문을 드리고 '어떤'에 대한 답은 스스로 찾게 해드립니다. '어떤'을 찾으려면 자신의 강점과 재능을 찾아보아야 합니다. 강점이란 자신의 여러 가지 능력 중 다른 능력보다 더 뛰어나고, 더 빨리해 낼 수 있는 능력을 말합니다. 강점을 잘 활용하면 다른 사람들과 다르게 차별화할 수 있습니다.

강점을 통해 더 빠르고, 더 쉽게 일을 할 수도 있습니다.

　강의를 듣는 수강생들에게 꿈 너머 꿈을 제안해 드리는 이유는 저의 꿈 너머 꿈을 이와 같은 방법으로 찾아가고 있기 때문입니다. "어떤 강사가 되고 싶은 것인가?", "어떤 간호사가 되고 싶은 것인가?" 이런 질문을 스스로에게 던지고 있습니다. 매번 고민해 보아도 저의 꿈 너머 꿈은 " 사랑이 많은 강사 & 간호사가 되자." 라는 답은 변함이 없습니다.

　어떻게 해야 사랑이 많은 강사가 되는지 또다시 고민합니다. 사랑이 많은 사람이 되려면 매일 사랑을 해야 합니다. 사랑을 하며 상대방의 마음을 헤아려 보려고 노력하고 상대방의 마음속에 들어갈 수 있는 방법을 찾아보고 있습니다.

나의 강점이란?

글을 쓰는 사람은 모두 작가라고 생각합니다. 사랑이 많은 강사와 작가가 무슨 관계가 있냐고 질문하실 수 있겠지만 강사는 생각과 마음을 말로 표현하는 직업이고, 작가는 글로 표현한다는 것만 다를 뿐입니다.

말과 글은 사람입니다. 진심이 담긴 말과 글은 진심이 있는 사람이고, 소망이 담긴 말과 글은 소망이 있는 사람이고, 사랑이 담긴 말과 글은 사랑이 있는 사람입니다. 강사의 생각과 마음에 어떤 것이 담겨있는지 첫 강의를 듣는 순간 수강생들은 알아봅니다.

사랑이 많은 강사가 되기 위해 사랑을 주제로 글을 쓰고 있습니다. 노인 돌봄에 대해 강의를 하다 보니 사랑이 전제될 수밖에 없습니다. 사랑이 없는 돌봄은 존중이 없는 돌봄이 되어 버리니까요. 사랑이라는 감정부터 만들어야 모든 돌봄이 자연스럽게 이어집니다. 사랑이 많은 강사가 사랑을 수강생들에게 전하면 이 사랑이 수강생들에게 흘러갑니다. 흘러간 사랑은 돌봄 대상자인 노인들에게 다시 흘러갈 것입니다. 움켜쥐고 있는 사랑과 흘려보내는 사랑은 다릅니다. 움켜쥔 사랑은 한 사람만 변화시킬 수 있지만 흘려보내는 사랑은 그 사랑을 받은 모든 사람을 변화시킬 수 있습니다.

작은 것도 잘 보는 사람입니다.
그러니 숨은 마음도 찾아내지요.

작은 소리도 잘 듣는 사람입니다.
그러니 지나가는 마음도 잡아주지요.

작은 아픔도 잘 느끼는 사람입니다.
그러니 이해하기보다 어루만져 주지요.

내 마음이 닿는 어디라도
같이 있어 주는 사람은
나에게 예민한 사랑을 주는
당신입니다.

    -너울-

사랑하려면 예민함을 가진 사람이 되어야 합니다. 예민한 사람은 상대방의 작은 소리도 아픔도 살필 줄 아는 사람입니다. 질병을 치료하기 위해서는 의학적인 지식도 필요하지만, 요양보호사는 치료자의 입장이 아닌 돌봄 자의 입장에 서는 사람입니다. 돌봄 자의 역할 중 중요한 역할이 관찰자입니다. 관찰을 잘하기 위해서는 오감을 활용해서 해야 하지만 그것보다 우선이 되어야 할 것이 상대방에 대한 관심입니다. 관심이 있어야 작은 변화도 볼 수 있으니까요. 관심이 곧 사랑의 시작입니다. 사랑이 어떤 것인지 글로 작성하고, 글로 적어 보았던 사랑을 표현하고 적용할 수 있는 방법들을 찾아봅니다. 그 방법들을 설명하는 강의 방식이 저의 강점입니다.

꿈과 비전을 매일 그리려면?

"오랫동안 꿈을 그리는 사람은 마침내 그 꿈을 닮아간다." 프랑스 문화부 장관이자, 소설가인 앙드레 말로의 말입니다. 꿈은 그려보는 것이 중요합니다. 우리가 생각하는 그림은 보통 하얀 종이 위에 연필이 지나간 흔적들입니다. 꿈을 그리는 것은 어떤 흔적을 남기는 것일까요? 미래에 일어날 일들이 지나갈 흔적을 그려 보는 것입니다. 그림이든 꿈이든 가장 중요한 것은 흔적입니다. 흔적 없이 어느 날 결과물이 나타나는 것은 없으니까요. 흔적은 반드시 눈에 보이는 과정이어야 합니다.

벌거벗은 임금님의 동화가 생각납니다. 임금님의 옷을 만드는 직조공들이 보이지 않는 옷감을 가지고 멋진 옷을 만든다고 했습니다. 보이지 않는 옷감은 흔적이 없는 꿈과 같습니다. 과정은 반드시 눈에 보여야 한다는 것을 임금님이 알았다면 벌거벗은 모습으로 행차하지 않았을 텐데. 라는 엉뚱한 상상을 해봅니다.

그러면 벌거벗은 임금님처럼 행차하지 않으려면 어떻게 해야 할까요? 미래에 일어날 일들이 지나갈 흔적을 기록으로 남기면 됩니다.

성공을 불러들이는 비법은 자신이 가진 상상을 눈으로 볼 수 있을 만큼 생생하게 시각화하는 방법입니다. 제가 하는 시각화 방법이 있습니다. 새해가 되면 비전에 핵심이 되는 한 마디를 정하고 문구를 컴퓨터 바탕화면이나 스마트 폰의 첫 화면에 저장해 두고 자주 보고 있습니다.

2022년 비전은 Live& let live "나는 나대로, 너는 너대로"입니다. 저의 꿈을 응원하는 소중한 분이 선물한 글귀입니다. 나만의 철학을 만들어가는 해가 되길 바라고 있습니다. 그러나 나만의 철학을 만드는 것은 쉬운 일이 아닙니다. 세상에서 가장 어려운 싸움은 자신과의 싸움입니다. 핑계라는 것을 가장 많이 사용할 수 있는 싸움이거든요. 주변 사람들의 소리가 아니라 내면의 소리에 집중해야 승리할 수 있는 싸움입니다. 이 싸움을 시작하기로 한 해입니다.

나만의 철학이 만들어지기를 원하는 구체적인 부분이 책 출간/블로그 활동/ 유튜브 활성화/비전 강사/ 경제 공부/ 책 읽기/사랑하기입니다.

그중에서 가장 이루고 싶은 계획이 작가가 되는 것이었습니다. 작가가 되는 것이 너무 간절하고 절실했기에 다음 방법인 "미래를 생생하게 그리는 미래 일기" 까지 블로그에 기록해 두었습니다.

#너울의 미래 일기
2022년 10.1(토) 푸른 가을 하늘 안에 하트 구름이 드리운 날 오늘은 그토록 만나고 싶었던 분들께 저의 책 출간 소식을 알려 드리는 날이었습니다. 네이버 블로그를 시작하고 작가라는 꿈을 그리며 글을 쓰게 되었고 그 글들을 모아 책이 나오게 되었습니다. 얼굴도 나이도 모르고 오로지 글 하나로 만난 분들이지만 얼굴과 나이를 알고 만난 사람들 보다 저에게는 더 소중한 분들이었습니다. 힘이 들 때도, 지쳐갈 때도, 응원의 댓글 하나로 힘을 얻었고, 댓글 속에 담긴 마음으로 지친 마음을 다시 부여잡을 수 있었거든요. 블로그를 하며 맞은 첫 2021년 크리스마스 때 손편지를 써서 이웃님들 댓글에 남겨 드렸습니다. 독립투사 명단이 아닌 너울의 응원군이 되어 달라는 마음을 담아 작성한 손 편지였습니다. 이런 날을 꿈꾸고 있었는데 꿈이 아닌 현실이 되었다는 것에 놀라고 있습니다. 저의 글 속 주인공이 되어주신 분들에게 마음뿐 아니라 평생 함께할 책을 드릴 수 있어 더 영광입니다. 오늘 책 출간 소식을 전하며 이렇게 메시지를 작성했습니다. "책이 이웃님들과 연결을 해준 것 같지만 결국은 서로의 마음이 연결해 준 것입니다. 서로를 사랑하고 있기 때문입니다. 사랑이 없이는 아무것도 할 수 없는 게 사람이니까요."

저는 이 땅에 주어진 시간을 살아내는 그 마지막 순간까지 잊지 않을 단어가 "사랑"입니다. 오늘의 미소는 함박웃음이었습니다. 무엇보다 좋은 것은 이렇게 오늘의 일을 일기로 쓸 수 있다는 것입니다.

미래를 생생하게 그리면 현실이 됩니다. 책을 집필하는 이 순간부터 꿈은 이루어지고 있었습니다. 강사가 꿈 너머 꿈을 제시하고, 강점을 찾아 구체적인 비전을 그려가는 모습을 보여주면 수강생들은 열정을 느끼고 믿고 따라와 줍니다. 그래서 매일 꿈과 비전을 제시하고 있습니다.

제5장
재미와 감동이 있는
강의는 오늘도 진행 중

명강의는 진행형

강의를 극찬하는 한 마디는 '명강의' 입니다. 어떤 방법으로 하면 명강의가 될까요?

저는 지금도 고민합니다. 명 강의가 되기 위해 아직도 방법을 찾고 있다고 말씀드리고 싶습니다. 이곳에 담고 있는 강의 방법은 명강의를 향해 달려가는 여정에서 만들고 있는 저만의 강의 방법이라고 생각하고 읽어 주셨으면 좋겠습니다. 처음부터 강의 스킬을 타고 난 강사가 하는 강의가 아니라 노력으로 이루어 가는 강사는 어떤 강의를 하는지 소개합니다.

신뢰감을 느끼게 하는 강의를 합니다

강의는 대화라고 생각합니다. 두 명이 마주 보고 대화하는 것이 아니라 여러 명을 마주 보며 대화한다는 것만 다를 뿐입니다. 대화의 가장 기본은 신뢰감입니다. 상대방에 대한 신뢰감이 있어야 말이 들리고, 말이 들려야 감정을 읽을 수 있습니다. 감정이 들리지 않는 대화는

소음일 뿐입니다. 말은 귀로 듣는 것이 아니고 마음으로 들어야 하기 때문입니다. 귀로 들으면 머리에 남는 지식이 되고, 마음으로 들으면 행동으로 옮겨집니다. 행동으로 옮겨가야 삶이 변화됩니다. 제가 하는 강의는 하나의 직업을 만들기 위한 양성 강의입니다. 강의를 듣고 내용이 좋았다고 감상평을 남기는 영화나 드라마가 아니라 삶으로 살아내야 하는 강의이기 때문입니다.

마음으로 들으려면 무엇이 필요할까요? 말하는 강사에 대한 신뢰감입

니다. 믿을 만한 사람이라는 것을 보여줘야 합니다. 경력, 약력을 거창하게 설명하는 것이 아니라 강사라는 직업에 대한 애정을 보여 드리면 됩니다. 강의하는 목적과 어떤 방향으로 강의를 끌고 갈 것인지에 대한 계획을 설명합니다. 모든 내용에 진심이라는 재료는 가득 담아야 합니다.

그리고 수강생들의 눈을 바라봐 줘야 합니다. 강사 혼자 말을 하고 수강생들은 듣는 일방식의 수업을 진행합니다. 서로 주고받는 쌍방의 소통은 아니지만, 분명히 소통은 되고 있습니다. 의사소통 방법은 언어적 의사소통과 비언어적 의사소통 두 가지로 분류합니다. 메라비언 법칙에 의하면 상대방과의 의사소통에 영향을 미치는 요소 중 가장 중요한 것은 비 언어적 요소(시각적 요소)이며, 그다음은 음성(청각적 요소), 언어적 요소(말의 내용)이다. 대화를 통하여 상대방에 대한 호감 또는 비 호감을 느끼는 데에서 상대방이 하는 말의 내용이 차지하는 비중은 7%로 미미하다. 반면에 말을 할 때의 태도나 목소리 등 말의 내용과 직접적으로 관계가 없는 요소가 93%를 차지하여 상대방으로부터 받는 이미지를 좌우한다.

연애하는 연인들을 보면 쉽게 알 수 있습니다. 마주 보고 앉는 연인보다 나란히 앉는 연인이 더 깊은 관계를 맺은 연인입니다. 말보다 스킨십이 서로의 감정에 더 많은 영향을 주기 때문입니다. 강의도 마찬가지입니다. 강사 혼자 말을 하는 일방식의 수업방식이지만 수강생들의 눈을 보고 있으면 감정을 읽을 수 있습니다. 교재가 아닌 눈을 바라보며 하는 강의에서 신뢰감이 형성됩니다.

처음 강의를 시작할 때 눈 맞춤이 어려워 거울을 보고 나의 눈과 마주하는 연습부터 시작했습니다. 내 눈을 보며 당당히 말을 하는 연습을 시작으로 수강생들의 눈을 바라보며 강의를 할 수 있었습니다. 단순히 마주하는 눈이 아니라 눈빛 속에는 감정이 담겨 있다는 것을 놓치지 않으려고 노력합니다. 눈빛만 보면 알 수 있습니다. 이런 말을 들어 보셨지요? 저도 수강생들의 눈빛만 보면 저에 대한 신뢰감이 어느 정도 형성되어 있는지 이제는 알 수 있습니다.

감동이 있는 강의를 합니다

강사에 대한 신뢰감이 형성되었다면 마음이 열린 상태입니다. 열린 마음 안에 어떤 내용을 담아드려야 할지 고민해야 합니다. 정해진 교재가 있고, 강의해야 할 목차가 있지만 책을 읽어주는 강의는 감동이 없습니다. 이야기를 듣고 나서 기억에 남는 경우가 있고, 전혀 기억에 남지 않는 경우가 있습니다. 무슨 차이일까요? 기억창고에 저장하는 방법이 달랐기 때문입니다.

눈빛 속에 감정이 녹아 있듯이 강사는 강의하는 내용에 모두 감정을 담아줘야 합니다. 강사도 영화를 찍는 영화배우, 드라마를 찍는 연기자, 연극을 하는 연극배우와 같습니다.

배우들이 대본을 그냥 읽지 않습니다. 대본을 읽을 때 감정을 담아내기 위해 표정, 억양, 말투 모든 것을 연습합니다. 노래 역시 가수가 글자에 감정을 담아서 목소리를 내주는 거니까요. 강사도 가수나 배우처럼 교재에 수록된 글씨마다 감정을 담아줘야 합니다.

이 연습과 노력이 감동을 가져다줍니다. 강의하다가 울어 본 적이 아주 많습니다. 강사가 강의하다 눈물을 흘리는 일이 부끄러운 일인가요? 감정 조절 못하고 강의하는 사람인가요?

전 반대라고 생각합니다. 부끄럽지 않았습니다. 임종간호 강의를 하며 돌아가신 할머니가 생각나서 눈물이 쏟아졌습니다. 사람에게 임종 직전까지 남아 있는 감각이 청각입니다. 말을 할 수는 없어도 듣기는 가능합니다. 이 문장을 설명하는데 중환자실에서 임종을 앞둔 할머니와 마지막 작별의 장면이 생각났습니다. 할 수 있는 일이라고는 더 많이 찾아뵙지 못한 미안함, 더 사랑해 드리지 못한 미안함을 온전히 전해 보는 것입니다. 간절한 안타까움을 담을 수 있는 것은 목소리에 담은 마지막 인사뿐입니다.

"할머니, 사랑합니다. 이 세상 가장 최고의 선물은 할머니가 나의 할머니였다는 것입니다."

이 말과 함께 혼자 흐느껴 우는 것이 할 수 있는 마지막이었습니다.

"네 마음 다 알고 있다."

분명히 이렇게 대답해 주셨을 겁니다. 그런데 내 귀로 할머니의 대답을 들을 수 없었습니다. 서로를 사랑하고 있다는 마음, 영원한 이별이 되어도 사랑 할것이라는 믿음만 가지고 있어야 하는 것이 가장 가슴 아픈 마음입니다. 이날은 혼자 울지 않았습니다. 저의 눈물이 수강생들 마음을 적셨거든요. 같이 눈물을 흘리며 청각의 중요성도 기억하고 임종의 슬픔도 느꼈습니다.

눈물만 감동을 가져다주는 것은 아닙니다. 눈물 외에도 용기를 내야 할 때가 있었습니다. 당뇨병을 가진 대상자의 식사 관리에 대한 방법을 강의할 때입니다. 큰아이와 무려 10살 차이가 나는 막둥이가 한 명 있습니다. 미루고 미루다 38살이라는 나이에 셋째를 임신했습니다. 큰아이 때 앓았던 임신성 당뇨가 다시 찾아왔습니다. 임신 7개월부터 시작해서 출산하는 그날까지 당뇨로 인해 겪어야 했던 수많은 일들이 있었습니다. 그러나 가장 힘든 일이 식단관리를 하는 일이었습니다. 당뇨병을 가진 경우 식단관리에서 꼭 알아야 할 것이 혈당지수입니다.

혈당지수(GI :Glyoemic index) 는 포도당 100을 기준으로 음식이 혈당을 빠르게 올리는 정도를 알려주는 수치입니다. 혈당 지수 표를 0-100 수치별로 좌측에 그리고 5가지 식품군을 우측으로 나열하여 혈당 지수 표를 칠판 가득 판서합니다. 교재에 나온 내용으로 설명하고 끝나는 강의가 아닙니다. 3개월 동안 제 몸이 직접 경험했던 내용을 바탕으로 혈당 체크기를 사용할 때 느꼈던 두려움까지 모든 감정을 담습니다. 음식을 보면서도 먹을 수 없었던 마음, 배 속 아이를 가진 엄마로서 한 생명을 지켜내기 위해 고군분투하던 마음, 그리고 무엇보다 포기하지 않고 만삭까지 갈 수 있었던 용기를 담았습니다. 내 한 몸을 위함이 아닌 엄마이기에 할 수 있었다는 것이 용기를 내야 할 이유입니다.

세상을 살면서 옆에 옹호자 한 명만 있다면 이 세상은 외롭지 않게 살아갈 수 있습니다. 그러나 옹호자가 있는 사람보다 없는 사람들이 많습니다. 아무리 사랑하는 가족이랑 같이 살아도 외로움을 느끼는 사람들이 많은 세상이 저와 여러분이 사는 지금 세상입니다. 진정한 옹호자가 되어주는 사람도, 옹호자를 가진 사람도 많지 않기 때문입니다.

옹호자란 어떠한 상황 속에서도 내 편이 되어주는 사람입니다. 소외되고 고통받는 상황 속에 있어도 오로지 상대방의 입장이 되어주는 것입니다. 옹호자로 사는 사람이 누구입니까? 바로 나를 낳아주고 키워주신 엄마와 같습니다. 사람들이 임종 직전에 가장 많이 찾는 한 사람이 엄마라고 합니다. 이유가 옹호자의 사랑을 그리워한다는 것입니다. 그 사랑보다 큰 사랑은 없었다는 것을 알고 있으니까요.

저도 배 속 아이의 엄마이고, 옹호자가 되기로 결심했기에 견딜 수 있었습니다. 혈당지수 표에 따른 식단관리를 수강생들이 익혀서 대상자에게 적용해주셔야 합니다. 엄마가 해주던 사랑의 마음을 가지지 못하면 절대 할 수 없는 일입니다. 그래서 이렇게 저의 경험을 바탕으로 마음을 울리는 감동을 먼저 전해 봅니다. 마지막은 한 문장으로 독려합니다.

"우리 모두 엄마와 아빠를 한 번은 해봤으니 두 번은 더 잘할 수 있겠지요? 그 용기를 내어 봅시다."

강의로 전달하는 내용도 중요합니다. 그러나 그 내용을 기억하게 만드는 것은 더 중요합니다. 이 역할이 강사가 해야 하는 역할입니다. 내용에 해당하는 지식이 마음으로 파고들 수 있게 하는 방법은 감정을 담아내 주면 됩니다. 그래서 제 삶 속에서 경험이 되었던 모든 내용을 꺼내어 예시로 들고 감정을 문장 속마다 담아 전달합니다. 이 내용을 마음으로 들었다면 반드시 삶으로 이어지는 실행이 될 것이라고 믿기 때문입니다.

진심은 감정 없이 전할 수 없고, 감정이 담긴 진심만이 사람을 움직일 수 있습니다.

재미와 웃음이 있는 강의를 합니다

마음에 잔잔한 동기를 불러다 주는 것이 감동이라면 강의 시간을 지루하지 않게 끌고 가는 것은 재미와 웃음입니다. 강사도 영화배우와 연기자가 되는 연습이 필요한 직업이라고 했습니다. 영화 한 편을 보면서 보는 내내 감동만 있지 않습니다. 때로는 엉뚱한 모습에 웃음이 쏟아지기도 하고, 재치 있는 대사에서 헛웃음이 나오기도 합니다.

가장 많이 연습했던 부분입니다. 눈물을 담고 용기를 내는 일은 경험으로 충분히 끌어낼 수 있었으나 유머와 재미는 타고난 재능이 없었기 때문입니다. 그래서 두 배의 노력을 할 수밖에 없었습니다.

저는 노래를 못 부르는 음치입니다. 학창 시절 가장 싫어했던 시간이 음악 시간이었습니다. 음표를 보는 방법도 잘 모르고, 아무리 연습해도 노래만큼은 실력이 늘지 않았습니다. 그러나 요즘은 노래를 잘 부르는 사람들이 워낙 많으니 못 부르는 사람이 더 돋보이기도 합니다. 유일하게 노래를 부르는 시간이 강의 시간입니다.

현재 치매를 앓는 어르신들이 좋아하는 노래 순위를 알고 있습니다. 1위가 '오동동 타령'입니다. 치매 전문 간호사 교육과정을 수료하면서 강사로 오셨던 정신건강의학과 교수님이 알려주신 노래입니다. 이런 노래는 제목으로 설명하지 않습니다. 그 자리에서 노래를 한 곡조 불러 드립니다. 강의실이 웃음바다가 됩니다. 노래를 잘하는 사람이 부르는 게 아니니까요. 그렇지만 다 알아주십니다. 노래를 부른 이유를 설명해 드리지 않아도 노력하는 모습을 보시며 손뼉도 쳐주시고 같이 불러도 주십니다. 이렇게 부르는 노래를 몇 곡 가지고 있습니다. 흥이 더하는 날은 간단한 춤도 춥니다. 가장 많이 사용했던 웃음 메이커가 춤이었습니다.

어릴 적 시골에서 자랐습니다. 시골에는 동네 한가운데 회관이라는 곳이 있습니다. 이 회관은 동네에 행사가 있는 날 동네사람들이 모여 음식도 나누어 먹고 교제도 하는 곳입니다. 빠지지 않는 것이 춤과 노래입니다. 종종 그 자리에 나가 춤과 노래를 했습니다. 할머니 손에 자란 아이라 할머니의 칭찬을 많이 듣고 자랐습니다. 잘하든 못하든 항상 마지막은 할머니의 사랑이 담긴 칭찬이었으니까요. 그 마음을 기억합니다. 노래와 춤을 잘해서 칭찬하는 것이 아니라 노력하는 모습을 칭찬해 주신 것입니다. 수강생들이 저의 노력을 봐줄 것을 알기에 음악에 몸을 맡겨 봅니다.

춤과 노래가 엉뚱함의 유머 코드라면 재치는 순발력과 상상력을 발휘해야 하는 부분입니다.

치매 어르신들에게 찾아오는 정신행동 증상(문제행동) 중 하나로 망상이 있습니다. 망상이란 병적 원인에 의해서 사실의 경험이나 논리에 따르지 않는 믿음을 고집하는 것입니다. 피해망상이 대표적이고 남자 어르신들이 종종 의처증(질투망상)을 보이는 경우가 있습니다. 같은 이불에서 잠을 자고 일어나신 할아버지가 이불을 걷어내며 할머니에게 한마디 하십니다.

"어디서 자고 왔나?"

할머니는 어떻게 대답하실까요? 이런 질문을 드려봅니다.

그리고 제가 대답해 봅니다. "이놈의 영감탱이가 어디서 자고 오긴? 지금 여기서 잔 거 안 보이나?"이렇게 대답하시는 경우가 대부분일 거라고 말입니다. 이 문장을 말하며 저는 할아버지에게 화가 난 할머니를 연기합니다. 또 한바탕 웃음바다가 되어버립니다. 사실 이렇게 대답해 드리면 안 됩니다. "여보, 나 여기 있어요. 어디 안 갑니다." 이렇게 친절하게 대답해 주어야 치매 할아버지가 진정하십니다. 버림 받을까 봐 두려운 마음을 알아드려야 진정이 되는 마음입니다. 그런데 쉽지 않습니다. 한평생 살아 온 아내를 의심하는데 어느 할머니가 기분 좋게 답해 줄 수 있을까요? 그 마음 충분히 이해합니다.

이렇게 저는 상황극을 통해 상상력을 발휘하는 재치를 보여 봅니다. 연기를 잘해서, 처음부터 타고난 재능이라 하는 것이냐고 물으시면 아니라고 단호하게 대답할 수 있습니다. 재치를 발휘하는 데 있어 가장 중요한 것이 반응을 살피는 일입니다. 한두 번으로 반응이 없으면 세 번도 해보고, 안되면 네 번도 해보면 됩니다. 그러다 보면 자연스럽게 연기력이 상승하고 반응이 오기 시작합니다. 저는 많은 노력을 하며 살고 있습니다.

노력 없이 아무것도 안 된다는 것을 중학교 1학년 때 처음 경험했습니다.

대한민국 사람들의 평균 IQ가 100~110 정도라고 알고 있습니다. 그런데 저는 IQ가 98 두 자리입니다. 담임선생님이 교무실로 부르셔서 검사 결과를 보여주셨기에 직접 확인 할 수 있었습니다. 그리고 재검해보자는 권유를 받았으나 하지 않았습니다. 재검했는데 결과가 다시 두 자리가 나올 것 같은 두려움이 있었거든요. 그때 당시는 IQ로 사람의 지능을 평가하던 시절이었습니다. 그리고 생각했습니다.

"머리가 안 좋으니 공부는 내 인생에 없는 거구나."

다른 하나는 "머리가 안 좋으니 남들보다 두 배로 해야 따라갈 수 있겠구나."

저는 후자를 선택했습니다. 이유는 항상 칭찬해 주시던 할머니를 실망하게 해 드리고 싶지 않았기 때문입니다.

처음으로 공부라는 것을 해 보았습니다. 초등학교 때 포기한 수학 교과서를 다 외워 버립니다. 책상에 앉아 시간을 견디고 머리에 쥐가 날 정도로 공부합니다. 포기하고 싶었던 순간이 있었지만 오기로 견뎠습니다. 선생님의 눈빛을 기억하고 있었고, 할머니의 얼굴을 머릿속으로 그렸습니다. 할 수 있는 만큼 최선을 다했습니다. 이해가 아닌 암기로 시험을 보았고 백 점이라는 점수도 얻었습니다. 그러나 다시 교무실로 불려갔습니다. 이유는 머리가 나쁜 학생이 백 점을 맞았다는 일이 믿어지지 않으신 선생님께 해명을 해야 했거든요. 해명 대신 백점을 맞게 된 이유를 알려 드렸습니다.

"선생님, 교과서 문제를 숫자만 바꾸어 출제하셨더라고요."

이때 두 가지를 알았습니다. 노력하면 머리가 나쁜 사람도 할 수 있다. 단 될 때까지 하는 것이지 횟수를 제한하면 안 된다는 것입니다. 다른 한 가지는 머리가 나쁜 아이로 인식이 되면 오해받을 일이 생길 수 있다는 것입니다. 오해를 풀어보려 애쓰지 말고 할 수 있는 사람이라는 것을 보여주는 것이 더 중요하다는 것입니다.

이런 학창 시절의 경험을 강의에도 적용했던 것입니다. IQ가 높아서 한두 번만 듣고도 성적이 잘 나오는 아이였다면 노력 없이 얻는 것을 당연하다고 생각하며 살았을 겁니다. 그리고 포기도 빨리했을 것입니다. 그러나 저는 반대였기에 오히려 감사한 일입니다. 지금도 하고 싶은 일이 있다면 중학교 1학년 시절 IQ 두 자리를 떠올립니다. 이 글을 읽으시는 분들이 저보다 IQ가 낮은 사람은 거의 없을 것이라는 확신을 가지고 있습니다. 그러니 못할 것이 없습니다. 저도 하고 있는데 왜 안 되겠습니까. 시도해 보세요. 모두 하실 수 있습니다.

"내게 불가능한 일이란 없다. 내게는 원하는 모든 것을 실현하는 힘이 있을 뿐이다."

이치를 깨닫게 하는 강의를 하자

강의는 사전적 의미로 "학문이나 기술의 일정한 내용을 체계적으로 설명하여 가르친다." 라는 뜻을 가지고 있습니다. 그러면 여기서 〈가르친다〉는 말은 무슨 뜻일까요?

〈가르친다〉는 "지식이나 지능, 이치 따위를 깨닫게 하거나 익히게 하다"의 뜻입니다. 그럼 강의라는 단어에 포함된 의미를 자세히 설명해 보겠습니다.

"학문이나 기술의 일정한 내용은 원리에 따라 낱낱이 부분으로 이루어져 전체를 이루고 있으니 그 이치를 깨닫게 하거나 익히게 도와주는 것이다." 다시 말해서 강의는 전달하고자 하는 내용의 이치를 깨닫게 도와주는 것입니다.

직접 강의하고 있는 교재 내용을 하나 예로 들어보겠습니다. 요양보호사로서 지켜야 하는 직업윤리 원칙이 여러 가지가 있습니다. 그중 제 1원칙이 "요양보호사는 인종, 연령, 성별, 성격, 종교, 경제적 지위, 정치적 신념, 신체 정신적 장애, 기타 개인적 선호 등을 이유로 대상자를 차별 대우하지 않는다."입니다. 문장을 읽는 순간 의미가 파악됩니다. 차별대우의 뜻을 모르는 사람은 없으니까요. 그런데 이 문장을 읽고 "차별대우 하지 않습니다."라고만 설명하는 것은 이치를 깨닫게 하는 강의는 아닙니다. 정의를 설명하는 강의일 뿐입니다.

이 문장을 읽고 상황을 제시해 드립니다. "길거리에 있는 거지에게도 배울 것이 있다. 이 문장의 뜻을 헤아릴 줄 알면 "차별대우하지 않습니다." 이치를 깨달을 수 있다고 말씀드립니다. 세상 모든 사람들에게 우리는 배울 것이 반드시 있습니다. 사람과의 관계 속에서 찾아오는 배움은 두 가지의 경로로 다가옵니다. 하나는 청출어람입니다. 청출어람이란 제자나 후배가 스승이나 선배보다 나음을 비유적으로 이르는 말입니다. 훌륭하고 올바른 스승 아래에서 올바른 제자가 나온다는 것은 당연한 원리입니다. 이런 이유로 사람들은 좋은 사람과의 만남만 있기를 바라며 살고 있습니다. 그렇지 않습니다. 반대의 경우도 있으니까요.

반대는 반면교사입니다. 반면교사는 사람이나 사물 따위의 부정적인 면에서 얻는 깨달음이나 가르침을 주는 대상을 이르는 말입니다. 나보다 부족해 보이는 사람에게서도 반드시 배울 것이 있습니다. 이런 생각을 하고 거지를 바라보면 어떨까요? 절대 차별대우할 수 없습니다. 그 사람에게도 배울 것은 반드시 있기 때문입니다.

종합병원 간호사로 일할 때 마주했던 일입니다. 신규간호사 시절 나이트(밤 근무)를 하며 처음으로 환자를 맡아 간호했습니다. 낮 근무보다 밤 근무를 하는 경우 응급상황을 제외하고는 큰일이 발생하지 않습니다. 그래서 신규간호사가 환자를 직접 케어 해야 하는 트레이닝은 주로 나이트(밤 근무)부터 시작합니다. 긴장감을 가지고 시작했지만 새벽이 될 때까지 아무 일도 생기지 않았습니다. 그러나 아침 시간에 다다를 즈음 가장 우려하던 응급상황이 발생했습니다. 신생아 중환자실에서 근무하고 있었고, 밤에 돌보는 환아는 미숙아와 타 병원출생이지만 치료를 위해 입원한 아기들입니다. 설사로 입원해서 격리 치료 중인 환자가 갑자기 경련을 시작했습니다. 주치의의 오더가 끊임없이 쏟아졌고 오더에 따라 주사부터 온갖 처치를 하느라 정신이 혼미할 정도였습니다.

일단락을 마무리한 후에 선배 간호사가 간호일지를 작성하라고 했습니다. 그러나 온갖 처지하는데 집중하느라 어느 시간에 주사를 투여했는지, 얼마나 투여했는지, 환아의 상태가 어떻게 변해갔는지 기억 속에 남아있는 것이 하나도 없었습니다. 간호기록지에 한 글자도 적을 수 없었습니다. 그 모습을 보고 있던 선배 간호사가 다가옵니다. 그리고 손으로 등을 한 대 때리며 하는 말이 있었습니다.

"내가 그럴 줄 알았다. 그렇게 해서 간호사를 어떻게 하려고 그러니? 정신 똑바로 안 차릴래?" 이런 호통이 쏟아졌습니다. 순간적으로 자존심이 무너지기 시작했습니다. 이런 것 하나도 못 하면서 무슨 간호사를 하겠다고 이러고 있는 것인지, 구멍이라도 있으면 숨고 싶었습니다. 한참을 자책

하고 있을 때 책상 위에 종이 한 장을 던져 놓고 선배는 사라졌습니다.

종이를 자세히 보니 시간대별로 투약 상황, 환아의 상태, 처치의 주요 용들이 적힌 종이였습니다. 당황해서 어떤 기록도 못 하고 있는 저의 모습을 보고 선배 간호사가 적어 놓았던 것입니다. 감사했습니다. 이 기록이 없었다면 간호 기록지를 작성할 수 없었으니까요. 이 사건을 계기로 메모지가 주머니에 없다면 손등과 팔뚝 부위에 작은 글씨라도 메모를 남기는 습관을 만들었습니다. 병원을 퇴사한 지 15년이 되었지만, 종종 손등이나 팔뚝에 적힌 메모를 보며 웃음 짓고 있습니다.

다음 해 저는 선배 간호사가 되고 후배 간호사가 생겼습니다. 이제 신규 간호사라는 명칭은 떨쳐내고 선배 간호사가 된 것입니다. 선배 간호사가 되고 보니 저와 같은 후배 간호사를 만나게 되었습니다. 처치하느라 모든 상황을 놓쳐버린 신규 간호사가 있었거든요. 화가 나고 답답했습니다.

그러나 등을 맞으며 자존심이 상했던 그날을 떠올렸습니다. 등을 맞은 그날 한 가지 다짐했었습니다. 나와 같은 후배가 있으면 절대로 등을 때리거나 자존심을 상하게 하는 말은 하지 않기로요. 반면교사의 깨달음을 얻었으니 실천까지 가는 것이 진짜 앎이라고 생각했습니다. 그래서 후배에게 이렇게 말해주었습니다.

"처음 접해보는 일이라 당황하고 놀랐지? 주치의 오더 따라 처치하느라 아무 기록도 못 하고 있더라. 그래서 선생님이 열심히 적어놓았다. 이 종이 줄 테니 이번은 종이에 적힌 내용을 보고 간호기록지를 작성하자. 다음부터는 이렇게 기록지를 써야 할 상황까지 생각해서 간단하게라도 메모하는 습관을 지녀야 해. 한 번은 실수라고 하지만 두 번부터는 실수라는 말을 할 수 없는 거야. 그것은 잘못을 모르고 반복하는 것이니 그때는 호통을 칠 수도 있다.”

조용히 종이를 건넸습니다. 후배 간호사는 눈물을 흘리며 고맙다고 말해주었고, 지금도 각자 다른 길을 걸으며 살고 있지만 종종 그리워하는 관계로 남아있습니다. 이 사건을 예시로 들어 반면교사를 설명합니다. 예시만 들어도 모두 마음으로 이해하는 눈빛을 보내주십니다.

반면교사의 깨달음을 마음으로 이해한다면 어떤 대상자를 만나더라도 감사함으로 돌봄을 제공할 수 있습니다. 모든 사람을 대할 때 배우는 자세로 다가간다면 “차별대우하지 않는다.”라는 말의 이치를 깨달은 사람이 되는 것입니다.

진짜 강의는 “삶에 대한 태도를 바꿀 수 있게 도와주는 강의” 라고 생각합니다. 강의실 밖으로 나갔을 때 그동안 쌓은 배움을 동원해서 새로운 모색을 하면서 대상자뿐만 아니라 본인의 삶까지 변화시킬 수 있다면 이 강의야말로 살아있는 강의 아닐까요?

저도 첫 강의를 시작한 2008년부터 이치를 설명하고 깨닫게 해주는 강사가 아니었습니다. 지금 생각해보면 그때 제 강의를 수강하셨던 수강생들에게 죄송한 마음이 듭니다. 그저 책만 읽어주고 수업이 끝났으니까요. 15년을 강의 하고서야 지식에 깨달음을 넣어 삶에 적용할 수 있는 지혜로 바꾸는 강사가 되어가고 있습니다.

강의교재를 반복해서 읽자

간호조무사나 요양보호사양성 강의처럼 교재가 주어진 경우에는 교재의 내용을 파악하는 것이 우선입니다. 가르치는 사람이 전체 내용을 파악할 수 없다면 책 읽어주기밖에 되지 않습니다.

'독서 백 편의자 현'이라는 말이 있습니다. 책이나 글을 100번 읽으면 그 뜻이 저절로 이해된다는 뜻으로, 학문을 열심히 탐구하면 뜻한 바를 이룰 수 있다는 말입니다. 하지만 조심해야 합니다. 책의 선택과 독서에 전략이 없으면 책을 왜곡하고 자신을 왜곡하게 됩니다.

'생각하지 않고 읽는 것은 씹지 않고 식사하는 것과 같다.'-E. 버크

생각하며 읽는 것이 전략을 가지고 읽는 독서와 같습니다. 첫 번째부터 세 번째 까지 읽는 동안 목적을 가지고 읽어 주시면 됩니다. 가장 중요한

목적은 어떻게 설명해야 수강생들이 쉽게 이해할 수 있을까? 입니다.

첫 번째 읽을 때는 전체 내용의 흐름을 파악하면서 읽습니다. 목차와 단원의 학습 목표를 읽으면 전달하고자 하는 핵심을 파악할 수 있습니다. 핵심을 파악했다면 핵심을 설명하기 위한 내용이 교재 안에 있으니 교재로 들어갑니다. 교재 전체를 처음부터 끝까지 읽으려면 지루하고 힘들지만 지루함을 이겨내는 순간 흐름을 파악할 수 있습니다.

두 번째 읽을 때는 모르는 용어나 단어를 정확하게 파악해야 합니다. 사전을 찾아보면 됩니다. 의미 파악을 정확히 하지 않는 상태에서 설명하는 것은 확신이 없고, 확신이 없는 설명은 수강생들의 마음을 움직일 수 없습니다.

세 번째 읽을 때는 수강생들의 수준에 맞는 설명법을 찾아야 합니다. 제가 가르치는 수강생들은 평균 50~60대이고, 학력 제한 없이 취득할 수 있는 자격증이다 보니 수준의 차이가 다양합니다. 그래서 가장 쉬운 용어로 바꾸어 설명하거나 상황에 맞는 예시를 많이 이용하고 있습니다.

읽는 횟수를 많이 할수록 쉽게 설명하는 방법을 빨리 찾을 수 있습니다. 그러니 적어도 3회 이상은 강의 전에 꼭 읽어보시길 추천해 드립니다.

독서를 통한 사색 결과물을 만들자

이치를 깨닫게 하는 강의와 교재 반복 읽기 방법은 독서를 통해 알게 된 것입니다. 독서하게 된 계기와 여정에 대한 이야기를 먼저 하려고 합니다. 독서가 습관이 되기까지 많은 노력과 힘든 여정이 있었습니다.

저는 30세가 넘어서 책을 읽은 사람입니다. 초등학교를 졸업할 때까지 읽어본 책이라고는 교과서와 동아전과 뿐이었습니다. 동화책이나 위인전 한 권도 집에는 없었고 읽어본 적도 없습니다.

첫 번째 독서의 여정은 성경책입니다. 결혼과 동시에 신랑을 따라 다니던 교회에서 성경 공부 훈련을 받았습니다. QT라고 하는 성경책에 쓰인 말씀을 가지고 깨달음을 알아가는 훈련입니다. 글자만 읽어서는 깊은 뜻을 헤아릴 수 없습니다. 그래서 기도 훈련부터 시작해서 글자 속에서 주님이 주시는 메시지를 찾기 위해 끊임없이 노력해야 합니다. 이 훈련을 묵상이라고 합니다. 묵상은 글자만 보는 것이 아니라 글자 속의 의미를 파악하게 하는 습관을 만들어 주었습니다.

"모든 것이 하나님께로 났으며 그가 그리스도로 말미암아 우리를 자기와 화목하게 하시고 또 우리에게 화목하게 하는 직분을 주셨으니" (고린도후서 5장 18절 말씀)입니다.

신랑이 미국회사로 이직을 하고 1년 뒤 취업비자 승인을 기다렸으나 취업비자가 승인되지 않았습니다. 저는 처음으로 하나님을 원망했습니다. 특별히 원하는 것 없이 신뢰만 하고 살았는데 가장 원하는 취업비자 승인을 내주지 않은 것이 원망까지 치솟게 했으니까요. 아주 많은 날을 울었습니다. 친정 부모님 집 방 한칸을 얻어 살고 있었기에 울음소리가 새어나갈까 봐 이불을 뒤집어쓰고 숨죽여 울었던 날만 몇 달입니다. 힘들게 살아온 모든 시간을 정리하고 새 삶을 미국에서 시작할 수 있다는 희망이 있었기 때문입니다.

어느 날 수요예배 시간에 고린도후서 말씀을 들으며 말씀 속 깨달음이 머리가 아닌 가슴으로 들어왔습니다. "우리에게 화목하게 하는 직분을 주셨으니" 1년 후에 취업비자 재신청을 다시 할 수 있었습니다. 그러나 신랑은 미국 생활에 외로움을 느끼고 한국으로 돌아오고 싶어 했습니다. 아이들도 아빠를 그리워하고 있었고, 시댁 식구들도 신랑을 많이 걱정하고 있었습니다. 1년을 더 지내기를 바라는 사람은 오직 저 한 사람뿐이었습니다.

제가 감당해야 할 직분은 욕심을 내려놓는 것입니다. 그렇게 되면 화목해질 수 있다는 것이니까요. 힘들었지만 말씀에 순종하는 마음으로 내려놓았고 신랑은 한국으로 귀국했습니다. 신혼집을 준비하듯 집부터 가구까지 모든 것을 다시 준비 했습니다. 무엇보다 감사한 일은 셋째가 선물처럼 찾아와 주었습니다. 지금 생각해보면 오히려 미국에 가지 않았기에 책을 쓰는 작가의 꿈을 이룰 수 있었습니다. 이렇게 말씀에 숨긴 의미를 깨닫고 내 삶에 적용하는 것을 순종이라 하며 이런 과정을 훈련하는 것이 어떤 글자를 보더라고 사색을 통해 의미를 찾을 수 있게 되었습니다.

두 번째 독서의 여정은 직업적 경험입니다. 강사를 내려놓고 잠시 다른 직업을 만난 적이 있었습니다. 요양보호사 자격증이 수업 시간만 이수하면 발급이 되는 조건에서 국가고시를 통한 시험제도로 변경이 되었습니다. 자격증 발급 조건이 변경되면서 수강생들이 줄어들었습니다. 결국 강의도 점점 줄어들게 되었고, 생계에 위협이 올 때가 있었습니다. 그래서 선택한 것이 아동 전집 판매 사원으로 일을 했던 것입니다. 아이들을 잘 키워보고 싶다는 욕심도 있었습니다. 책을 읽지는 않았어도 중요성은 이미 알고 있는 사람이었으니까요. 그리고 제가 가진 돈으로는 책을 많이 사줄 수가 없었기 때문에 일하면서 책도 사고팔기도 하자는 마음이 일하게 된 동기입니다. 둘째를 임신한 지 4개월째입니다. 만삭까지 차도 없이 걸어 다니며 전집을 판매했습니다. 눈이 오는 추운 겨울날 한 손에는 고객에게 드릴 선물을 들고 가방에는 무거운 샘플 책을 넣고 걸을 때마다 힘이 들었습니다. 그러나 가장 힘들게 한 것은 아이를 출산하고 한 달 반 만에 다시 판매 여정에 올라야 했던 일입니다. 분만휴가도 없고, 쉬면서 지낼 돈도 없었습니다. 한 달 영업으로 번 돈이 한 달 생계비가 되는 것이니까요. 아기 바구니에 둘째를 데리고 방문 상담을 하러 가면 가장 많이 듣는 질문이 있었습니다.

"판매하는 일이 그렇게 좋습니까? 간호사가 책을 파는 다른 이유라도 있는 것입니까?"

둘 다 아닙니다. 이유는 한 가지였습니다. 내 책을 사고 실적을 내는 상황이라 판매하지 않으며 온전히 빚으로 남는 돈입니다. 책의 중요성은 알지만 읽어 본 경험도, 효과를 본 경험도 없는 사람이 책을 판매한다는 것은 오기로밖에 할 수 없는 일입니다.

어린이집 문이 열리면 가장 먼저 등원해서 가장 늦게 하원 하는 아이가 큰 딸이었습니다.

그러나 한 번도 "엄마, 오늘 왜 일찍 안 왔어?" 이런 질문을 하지 않았습니다. 떼를 쓰거나 질문을 하지 않는 모습이 더 가슴을 아프게 했습니다. 어린 두 아이를 늦은 시간까지 어린이집에 맡기고 책을 팔아야 했던 경험이 결국 책을 읽게 된 가장 큰 계기가 되었습니다.

그때부터 저는 책을 읽었습니다. 집은 비록 15평 빌라에 살았지만, 방과 거실의 벽면은 온통 동화책으로 가득 채워져 있었습니다. 손님이라도 오는 날은 책을 보며 이상한 사람처럼 바라보는 시선이 느껴졌습니다. 신랑조차도 저보고 제정신이 아니라고 했으니까요.

어린이집에서 가장 오랜 시간을 보내는 큰딸에게 미안했고, 태어난 지 한 달 반 만에 엄마를 따라 영업하던 둘째에게 미안했습니다. 두 아이에게

이 미안함을 조금이라도 보상해 주는 일이 책을 읽어주는 것이었습니다. 아이들을 양쪽에 눕히고 잠들기까지 책을 읽었습니다. 1년 365일 중에서 책을 읽지 않고 재운 날이 손가락 보다 적은 숫자입니다. 잠들기 전 독서는 오늘도 졸업을 못 했습니다. 막둥이가 아직 5살이라 앞으로 몇 년은 더 해야 끝날 것 같습니다.

동화책부터 위인전, 지식 책, 영어책, 백과 등 분야를 가리지 않고 모두 다 읽었습니다. 한 권에서 시작해서 그 책과 관련된 다른 분야를 확장하고 얼개처럼 연결을 시켰습니다. 이렇게 아동도서로 시작한 책 읽기를 어른이 읽는 책으로 옮겨왔습니다. 집 근처 도서관에 들러 몇십 권씩 빌려와 책을 매일 읽었습니다. 아동 전집에서 분야를 가리지 않고 읽었던 방법처럼 어른 책도 분야를 가리지 않았습니다. 자기 계발서를 읽다가 미술 이야기가 나오면 미술 분야 책을 빌려옵니다. 미술을 읽다가 역사가 나오면 역사책을 빌려옵니다. 이렇게 꼬리에 꼬리를 물고 연관 도서를 읽었습니다. 이런 방식의 책 읽기를 10년 넘게 하고 있습니다. 이 책을 쓰는 오늘도 저는 이런 독서를 하고 있으니까요.

독서하는 이유는 무엇일까요?

책을 읽는 이유 중 하나가 바로 사색 때문입니다. 독일의 철학가 쇼펜하우어는 〈문장론〉에서 독서에서 사색의 중요성을 이렇게 강조했습니다.

"독서는 사색의 대용품으로 정신에 재료를 공급할 수 있어도, 우리를 대신해서 저자가 사색해줄 수는 없다는 점을 기억해야 한다."

사색의 사전적 정의는 어떤 것에 대하여 깊이 있게 생각하고 이치를 따지는 것을 말한다고 했습니다. 이치를 따지기 위해서는 깊이 생각해야합니다. 현상이나 관계의 이치를 따지려면 다방면의 각도에서 바라볼 수 있어야 합니다. 책에서 얻은 지식으로 이치를 따져보고 사색을 통해 얻은 결과물로 얼개를 만듭니다. 저자의 생각이 아닌 내 생각을 만들어 내는 창의적인 사고를 할 수 있어야 합니다. 그것은 온전히 나의 것, 나만의 스토리를 보여 지게 만들 수 있습니다.

주로 교재와 연관된 예시나 추가설명을 해야 할 때는 사색의 결과물을 가지고 진행합니다. 실제 강의하는 내용을 예로 들어 보겠습니다. 치매 치료 및 예방 방법 중 하나로 비 약물요법이 있습니다. 비약물 요법 중 대표적인 방법이 인지 및 활동 자극입니다. 인지 및 활동 자극으로는 수공예, 간단한 물건 만들기, 원예, 독서, 그림 그리기, 음악을 듣거나 노래 부르기 등 대상자에게 익숙하며 성공적으로 수행할 수 있는 활동을 하라고 합니다. 이 외에도 인지 및 활동 자극이 되는 것들은 많습니다. 어떤 활동을 해야 성공할 수 있는 것인가? 방송이나 기사에서 독서가 효과적이라는데 독서를 해 볼까? 노래 부르기를 해서 치매 진행 속도를 늦추었다고 하던데, 노래 부르기를 해 볼까?

이렇게 적용하면 성공할 확률이 얼마나 될까요? 성공여부를 결정하는 것은 "익숙한" 단어에 힌트가 있습니다. 효과가 있다고 말하는 활동을 찾기에 앞서 치매라는 질병에 걸리기 전에 어떻게 삶을 살았는지 구체적으로 알아봐야 합니다. 과거에 어떤 직업을 가지고 있었지? 취미와 관심을 가지고 했던 활동들은 무엇이 있지? 라는 질문에 대답을 찾아보는 것이 먼저입니다.

화투를 즐겨 하셨던 분은 화투 문양과 관련된 활동을 해주면 되고, 뜨개질을 즐겨 하셨던 분은 뜨개질을 하면 되고, 독서를 즐겨 하셨던 분은 책과 관련된 활동을 진행해 주면 됩니다.

어떤 사색을 통해 만들어진 예시일까요? 사람들은 각자 좋아하고 익숙한 것이 다릅니다. 그 이유는 같은 삶을 살아 온 사람이 없기 때문입니다. 나이가 같아도 성별이 같아도 가진 질병이 같아도 모두 다른 삶의 모습으로 살아왔습니다. 책을 많이 읽다 보면 책 속 인물들의 삶이 다양하다는 것을 자연스럽게 알게 됩니다. 책은 사람이 살아온 스토리를 담은 것이니까요. 매일 새로운 책이 쏟아져 나오는 세상이지만 같은 책은 한 권도 찾아볼 수 없었던 이유와 같습니다.

세상 속 다양한 사람들이 각자의 방식으로 삶을 살아가고 있다는 것을 인정하게 도와주는 가장 빠른 방법이 독서입니다.

직접경험을 통해 습득한 것만큼 확실한 것은 없습니다. 그러나 모든 것을 직접 경험하며 사는 사람도 없습니다. 이때 선택할 방법이 간접경험입니다. 오히려 간접경험이 직접경험보다 빨리 습득할 수 있게 도와주는 도구가 되어주기도 합니다. 장소와 시간, 사람에 한정되지 않고 사용할 수 있는 촉매제이니까요.

독서를 통한 시뮬레이션이 의사 결정력, 창의력, 메타인지 등을 직접적으로 발달시킬 수 있습니다.

마인드맵을 활용하자

마인드맵은 마음속에 지도를 그리듯이 줄거리를 이해하며 정리하는 방법입니다. 정리법들이 여러 가지가 있지만 주로 마인드맵을 쓰고 있습니다. 단원의 목차를 제시할 때 마인드맵을 사용합니다. 단원에서 어떤 내용의 수업을 하게 될지 미리 예습을 할 수 있어 좋습니다. 전체 내용을 먼저 보고 부분 내용을 공부하시는 것이 이해 속도가 빠릅니다.

다음은 교과 단원 수업을 모두 종료한 후 복습을 하기 위한 용도로 사용하기도 합니다. 단원에서 중요하게 익혀야 할 단어를 중심으로 만듭니다.

수업내용을 모두 암기할 수 없어도 핵심단어를 통해 내용을 회상할 수 있기 때문입니다. 핵심단어로만 마인드맵을 그리는 경우에는 수강생들에게 한 장씩 나누어 드리고 나머지는 기억나는 내용을 적어 보라고 제시

174

합니다. 복습을 하는 한 가지 방법이 되기도 합니다. 이렇게 만든 단원 마인드맵만 모아 봐도 교재의 중요내용을 파악하는데 도움이 많이 됩니다. 이렇게 하기 까지 시간이 많이 소요되기도 합니다. 그러나 만드는 과정 속에서 이미 익히는 내용들이 있기 때문에 효과는 탁월하다고 말할 수밖에 없습니다.

나만의 브랜드를 만들자

강사는 1인 기업가와 같습니다. 브랜드는 사업가가 자기 상품에 대하여 경쟁업체의 것과 구별하기 위하여 사용하는 기호, 문자, 도형 따위의 일정한 표지라는 사전적 의미가 있습니다. 강사는 상품을 파는 사람은 아니지만 '나'를 파 직업과 같습니다. 나만의 브랜드가 있어야 한다는 것입니다.

자기 분야에서 독보적인 존재감을 드러내는 사람들이 있습니다.

-페르소나: 나는 누구인가? (Who I am)

-목적: 나는 무엇을 하는가? (What I do?)

-콘텐츠: 나는 그 일을 어떻게 하는가? (How I do it?)

저의 페르소나는 교재에서 만나는 세상과 사람 관계 속 이치를 깨닫고,

지식을 지혜로 사용할 수 있는 요양보호사를 양성하는 강사가 되는 것입니다. 이런 강의를 통해 수강생들이 일하고자 하는 직업으로 행복하게 일할 수 있게 되는 것이 저의 목적입니다. 콘텐츠는 제가 자기 계발을 통해 배우고 성장 한 것들을 공유하고 나누는 것입니다. 강의 준비에 차별성을 둘 수 있는 이유도 콘텐츠를 통해 브랜드를 만들기 위함입니다.

강의는 사람들을 대상으로 하는 직업입니다. 사람들을 감동하게 하지 않으면 어떤 브랜드도 의미가 없습니다. 사람을 감동하게 하는 것은 '누구나 좋아할 만한 것'이 아니라 ' 그 사람밖에 할 수 없는 것', ' 그 사람의 마음'입니다. 제가 할 수 있고, 가진 마음은 진심 하나입니다. "소수의 사람은 오래 속일 수도 있고 많은 사람을 잠깐 속일 수도 있지만, 많은 사람을 오랫동안 속일 수는 없다." 링컨이 남긴 말처럼 오래간다는 것은 진심이 있어야 한다는 것을 알고 있기 때문입니다.

공부하러 오신 분들을 격려하고, 시험에 합격도 해서 자격증도 받고, 현장에서 지혜롭게 일하는 분들이 되었으면 하는 마음은 모두 진심입니다. 진심은 마음입니다. 마음은 반드시 표현할 방법을 찾아야 합니다. 마음에만 담고 있는 것은 반쪽짜리 진심입니다. 나머지 반쪽은 표현을 통해서 채울 수 있습니다. 표현할 방법을 찾기 위해 배움을 지속하고 있습니다.

그것이 독서를 통해 얻은 사색의 결과물로 만들어낸 예시들이었습니다. 그리고 목적성을 두고 반복 읽기를 통해 얻은 결과물이고, 손글씨로 만들어낸 마인드맵입니다. 진심은 반드시 전해진다는 것을 알고 있습니다. 앞으로도 배움을 게을리하지 않을 것입니다. 제가 가진 진심을 표현할 방법들을 더 찾기 위함입니다.

배우고 때때로 그것을 익히면 또한 기쁘지 않은가?

논어의 1편 학이 부분에 나오는 말입니다. 첫 강의를 하는 날 수강생들에게 공부란 무엇인가요? 라는 질문을 드립니다. 그런데 대답이 쉽게 나오지 않습니다. 그래서 제가 대답합니다. 공부란 기쁨을 얻는 과정입니다. 기쁨을 얻으려면 마음부터 열려있어야 합니다. 닫힌 마음으로는 어떤 것도 들어갈 수 없기 때문입니다. 흙으로 된 땅은 많은 비가 와도 범람하는 일이 많지 않습니다. 부드러운 흙 사이로 비가 스며들기 때문입니다. 그러나 아스팔트길은 물이 빠지는 하수구가 정비되지 않은 상태에서 많은 비가 내리면 반드시 범람을 하고 맙니다.

공부를 잘하는 사람이 되는 데 필요한 제1조건은 부드러운 흙과 같은 마음입니다. 강사가 알려주는 지식과 지혜가 언제든지 마음 안으로 스며들 수 있도록 부드러워야 합니다. 아스팔트길처럼 딱딱하면 아무리 좋은 지식과 지혜를 전달해도 스며들지 못하고 범람해 버리기 때문입니다. 부드러운 흙과 같은 마음은 안정된 공부정서입니다.

정서가 차분히 안정되어 있지 않을 때 이성적인 힘을 사용하기 어렵습니다. 인간의 뇌는 감정을 관장하는 감정의 뇌인 '변연계'와 이성을 관장하는 이성의 뇌인 '신피질'로 나누어져 있는데, 감정의 뇌가 많이 사용될 경우 이성의 뇌가 사용할 수 있는 자원이 없으므로 이성적인 힘을 발휘할 수 없게 됩니다.

그래서 즐겁고 행복한 마음으로 수업에 참여하셔야 한다는 말을 꼭 전해드립니다. 열린 마음이 준비되셨다면 배우고 익히는 과정인 학습을 하실 수 있습니다. 배울(학)에 익힐(습) 한자를 쓰고 있습니다. 혼자 하시는 것이 아니고 강사인 저랑 같이 할 것이니 걱정은 안 하셔도 된다고 말해드립니다. 그럼 배우고 익히는 과정을 어떻게 하는지 단계별로 설명해 보겠습니다.

학습은 예습으로 시작한다

　학습은 예습-본 학습-복습 이렇게 세 단계가 있습니다. 세 단계를 모두 수업 과정 안에서 같이 합니다. 예습하는 방법부터 설명하겠습니다. '예습' 이란 수업에서 무엇을 배울 것인지에 대해 잠깐 살펴보는 것입니다, 수업 시간에 무엇을 배울지에 대한 사전정보가 없다면 수업에 수동적으로 끌려가게 되고 개념 이해도가 떨어질 수밖에 없습니다. 수업에서 배울 내용에 대해 예상 가능할 때 학습에 대한 통제권을 쥘 수 있고, 수업 시간에 집중도도 높아져 주도적으로 학습을 수행할 수 있습니다. 미리 배울 내용을 교과서를 가지고 잠깐 확인하는 작업만 하면 되는데, 이 작은 습관이 굉장히 큰 차이를 만들어 냅니다.

　모든 수업의 기본은 표준교재 이자 교과서 중심입니다. 시험이 출제되는 곳이 교재이기 때문입니다. 예습은 표준교재로 진행합니다. 표준교재를 표지 그대로 책상에 올려 둡니다. 그리고 책에 대한 예의를 갖추어 달라고 합니다. 책보다 많고 넓은 지식을 가져다주는 것은 이 세상에 없습니다. 옛날 어르신들은 책을 함부로 넘어 다니지 않았다고 합니다. 그 만큼 책을 소중히 다루었다는 것입니다. 저도 마찬가지입니다. 책 내용으로 들어가기 전에 세 가지를 살펴봅니다.

첫 번째는 책 표지입니다. 표지에서 보이는 것이 무엇인지 질문을 합니다. 대부분은 책 제목의 글자를 이야기하십니다. 어른이라 그림보다 글씨가 보이기 때문입니다. 저는 글씨보다 표지에서 보이는 그림의 감정을 언어로 표현해 보시기를 권장해 드립니다. 표지에 나온 그림은 책 안에 무엇이 담겨 있는지 추측할 수 있기 때문입니다. 출판사마다 조금씩 표지의 그림이 다르지만 제가 강의하는 교재에는 어르신이 타고 계신 휠체어를 밀어드리는 분, 지팡이를 잡고 걸어가시는 어르신과 동행해서 걸어가시는 분의 그림이 있습니다, 이 그림을 보면 노인 돌봄이라는 업무와 사랑이라는 감정이 책에 담겨있다는 것을 알 수 있습니다.

두 번째는 책의 저자입니다. 책의 내용도 중요하지만, 책을 쓴 저자이자 지은이가 누구인지를 파악하는 것도 중요합니다. 저도 책을 선정하는 기준이 여러 가지가 있지만 저자가 어떤 생각을 가지신 분인지 궁금해서 읽었던 책들이 많습니다. 인생의 책이 있느냐? 라고 물어보시는 질문에는 쉽게 답하지 않습니다. 그러나 인생에서 닮고 싶은 저자가 있느냐? 라고 물어보시는 질문에는 정확히 답을 합니다. 이처럼 책은 저자의 생각을 읽는 것이기 때문에 어떤 책이라도 저자를 확인합니다.

제가 강의하는 책의 저자는 보건복지부입니다. 2008년 7월 1일부터 시행된 노인장기요양보험제도의 사업은 보건복지부 장관이 관장합니다. 이 제도로 인해 요양보호사라는 직업이 생겼고, 요양보호사를 관장하는 곳도 보건복지부입니다. 보건복지부가 담당하는 업무가 보건위생과 방역, 의정과 약정 따위의 국민 보건에 관한 사무와 의료보험 및 국민연금, 극빈 소외계층에 대한 지원 따위의 사회복지 증진에 관한 사무를 수행하는 곳입니다. 저자가 어떤 사람인지 알아보듯이 보건복지부의 업무를 간단히 이해하면 교재에 수록된 내용을 추측할 수 있습니다. 전반적으로 요양보호사 교재는 보건과 사회복지에 대한 내용입니다.

세 번째는 책의 목차입니다. 저자의 생각을 어떤 형태로 서술하고 있는지 목차를 보면 알 수 있습니다. 그래서 책의 목차가 중요도를 많이 차지하고 있습니다. 목차의 제목들을 하나하나 살펴보며 간단한 설명을 합니다. 목차를 다 읽고 나면 수강기간 동안 무엇을 공부해야 하며 어떤 공부를 통해 요양보호사의 자격을 갖추게 되는지 쉽게 알 수 있습니다.

목표도 장기목표에서 단기목표로 내려오듯이 공부도 배우고 익히고자 하는 내용의 전체를 먼저 알고 부분적으로 공부하는 방법이 이해력을 높이는 데 도움이 됩니다. 목차를 살펴본 후에는 단원의 학습목표를 읽어 봅니다. 학습 목표가 단원을 통해 익혀야 할 중요한 내용이기 때문입니다. 학습 목표를 읽어두면 본 수업 후에 복습을 하는 데도 도움이 됩니다.

본 학습은 완전 학습이 목표이다

완전 학습의 개념은 블룸이라는 교육심리학자가 처음 제안한 것입니다. 블룸은 완전 학습을 위해 달성되어야 하는 학습 목표를 '기억하기'부터 '창작하기'까지 총 여섯 가지 위례로 나눠었다. 그리고 완전학습이 이루어진다는 것은 학습자가 기억하기부터 창작하기까지의 6단계를 종합적으로 수행하는 것을 의미한다고 덧붙였습니다. 완전 학습이란 '사실, 개념, 절차, 원리라는 학습 내용들을 적용해 보고, 분석해 보고, 평가하여 최종적으로 완전한 이해에 다다르는 것을 의미합니다.

이런 맥락에서 '기억하기'라는 학습 활동은 '암기'와는 분명히 구분해야 할 필요가 있습니다. 학습 내용을 기억하는 일은 고차원적인 학습활동을 통해 자연스럽게 이뤄져야 하는 것이지, 회독 공부법처럼 여러 번 반복해서 암기하는 방식으로 기억하는 활동은 지루하고 재미없는 경험만을 남길 뿐입니다.

아이와 어른의 공부는 다를 것이 없습니다. 아이들이 교과서를 통해 세상 이야기를 배워가듯이 요양보호사도 표준교재를 통해 요양보호사의 세상 이야기를 배워가는 것이니까요. 알고 있는 내용도 수록이 되어 있지만 교재를 통해 처음 접하는 내용들도 많이 있습니다. 국가고시라는 시험에 합격하기 위해 공부를 하지만 교육원은 입시교육원이 아닙니다. 시험에 합격하기만 바라며 공부하는 것이 아니라는 것입니다. 아무리 고득점으로 합격하신 요양보호사 선생님이어도 배운 지식을 현장 속에 적용할 수 없어 힘들어하는 분들을 많이 봐 왔습니다. 이유는 하나입니다. 시험을 보기 위해 암기로 공부한 것은 기억창고에 저장 시간이 짧아 현장에서 꺼내 사용할 수 없기 때문입니다. 단순 암기를 하는 것이 아니라 이해했어야 기억 속에 오래 남습니다.

어떻게 해야 이해를 잘 할 수 있는 것일까요? 가장 중요한 것이 개념입니다. 개념은 다른 말로 하면 지식을 의미합니다. 또 개념은 자신만의 유일한 뜻이나 특성이 있어서 다른 개념들과 뚜렷하게 구별된다는 특징이 있습니다. 학생들이 학교에서 배우는 교과서나 제가 강의하는 요양보호사 표준교재에는 '이것이 개념이고, 이것이 개념의 정의입니다' 라고 친절하게 기술해 주지 않기 때문에 학습자가 '이것이 개념의 정의구나' 하고 확인하면서 공부해야 합니다. 즉 개념을 구분해 내는 메타인지가 있어야 한다는 겁니다. 이런 공부를 혼자 하실 수 없기에 강사가 필요한 것이 아닐까요? 책만 읽어주고 끝나는 강의가 아니라 개념을 수강생들이 이해할 수 있도록 설명해 주어야 합니다.

예를 들어보겠습니다.

'노인장기요양보험제도란 고령이나 노인성 질병 따위로 인해 6개월 이상 동안 혼자서 일상생활을 수행하기 어려운 65세 이상의 노인에게 신체활동 또는 가사 지원 따위의 장기요양급여를 제공하는 사회보험입니다.'

이 문장을 읽고 이해하려면 단어 속에 담긴 개념을 정확히 알고 있어야 합니다. 우리나라에서 노인이라고 명하는 나이가 몇 살 이며, 노인성질병이란 무엇을 의미하는 것인가, 일상생활이란 무엇인가, 장기요양급여란 또 무엇이며, 사회보험이란 어떤 의미인가.

저는 국어사전을 활용하고 있습니다. 우리나라에서 노인은 만 65세 이상이신 분들을 대상으로 합니다. 노인성 질병이란 만 65세 이상이신 노인 분들에게 잘 발생할 수 있는 질병들을 말합니다. 대표적인 질환으로는 치매, 뇌졸중, 파킨슨이 있습니다. 단) 노인장기요양보험제도 에서는 65세 미만이지만(노인이 아니지만) 노인성 질병으로 인해 일상생활 수행이 어려운 경우도 해당이 됩니다.

일상생활이란 평상시의 생활로 식사, 배설, 개인위생 등 일상생활수행동작 ADL (Activities Daily Living)옷 벗고 입기, 세수하기, 양치질하기, 목욕하기, 식사하기, 체위 변경하기, 일어나 앉기, 옮겨 앉기, 방 밖으로 나오기, 화장실 사용하기, 내소변 조절하기, 소변 조절하기 항목을 수행할 능력을 말합니다.

장기요양급여란 돌봄을 제공받을 수 있는 급여를 말합니다. 여기서 급여란 돈이나 물품이라고 정의합니다. 노인 장기요양급여는 현금으로 지급되는 특별현금 급여 외에 나머지 급여는 현금에 해당하는 서비스로 제공하고 있습니다. 사회보험이란 출산, 양육, 실업, 은퇴, 장애, 질병, 빈곤, 사망 따위의 사회적 위험에 대비하여 국가 및 지방자치 단체가 보장하는 강제적인 성격의 보험입니다. 그럼 노인장기요양보험은 질병에 해당하는 보험입니다.

노인장기요양보험제도를 이렇게 단어의 의미를 정확하게 찾아보지 않고서 개념을 이해한다는 것은 어려운 일입니다. 단어로 개념을 설명했다면 자신만의 언어로 표현하고 이해 할수 있는지도 확인해야 합니다.

노인장기요양보험제도란 만 65세 이상 노인이거나 또는 65세 미만이지만 노인이 되어 잘 발생하는 치매, 뇌졸중, 파킨슨 질환이라는 질병으로 인해 일상생활을 수행하기 어려운 경우에 특별현금이나 현금에 해당하는 서비스를 제공받을 수 있게 국가에서 보장하는 보험제도입니다. 이렇게 정리하고 목소리를 내어 직접 읽어보라고 권유해 드립니다.

한 가지 예를 더 들어보겠습니다. 단어의 개념을 조금 더 깊이 있게 해석하고 적용해야 하는 경우입니다. 치매 대상자에게 식사 돕기를 하는 경우 요양보호사가 준수해야 할 돕기 원칙이 있습니다. 혼자서 음식을 먹을 수 있는 치매 대상자도 식사하는 것을 잊어버리거나, 차려놓은 음식을 감추려 하거나 , 버린 음식을 다시 주워 먹는 등의 행동을 할 수 있다. 이로 인하여 영양실조에 빠질 수도 있고, 그 반대로 과식하여 비만이 될 수 도 있기 때문에 가능한 한 식사 시간을 규칙적으로 하고 조용한 분위기를 유지하며, 식사에 대한 감독과 보호가 필요하다. 여기서 가장 중요한 단어는 "감독"입니다. 감독의 사전적 의미는 일이나 사람 따위가 잘못되지 아니하도록 살피어 단속한다는 것입니다.

치매 대상자가 혼자서 식사를 할 수 있는 상태이어도 혼자 식사하게 두시고 다른 일을 하는 것은 감독의 의미를 모르는 것과 같습니다. 치매 대상자는 반찬을 여러 가지를 드려도 밥 한 가지만 드신다거나 국 한 가지만 드시고 식사를 마치시는 경우가 생깁니다. 식사하는 방법을 잊어버리기 때문입니다. 이런 경우를 대비해서 지켜보고 계시다가 한 가지만 드시는 경우에는 돌봄 제공자가 반찬을 밥 위에 올려 드린다거나 반찬을 드실 수 있도록 도와주셔야 합니다. 그러나 혼자 잘하신다면 도움은 필요 없습니다. 혼자 드실 수 있도록 지켜보는 것도 스스로 자립을 할 수 있게 하는 돌봄의 방법입니다. 이처럼 지켜보기부터 상황에 적절한 돌봄을 제공하시는 것까지 모두 감독의 의미입니다. 단어에 대한 적절한 해석과 이해가 없이는 실행도 없다고 생각하기에 개념은 중요합니다. 다음은 이해 유무를 확인해 보는 방법입니다.

학습 내용을 잘 이해하려면 누군가에게 설명하는 학습활동을 해보는 것이 좋습니다. 일명 '선생님 놀이'인데, 공부한 것을 다른 사람에게 가르치듯 설명하는 시간을 가져 보면 됩니다. 하지만 설명 중간에 머뭇거리거나 당황한다면 학습 내용을 잘 이해하지 못한 것이니 다시 공부해야 합니다. 수업을 마치고 귀가하셔서 가족에게 설명해주시거나 설명을 들어 줄 사람이 없다면 베개를 앉혀 놓고 설명해 주라고 전해드립니다. 강사를 하다 보니 가르치면서 깨닫고 알게 되는 것이 많습니다. 설명하는 직업이 강사인데 정확히 이해하지 못한 상태에서는 제대로 된 설명을 해 줄 수 없는 이유와 같습니다.

기억과 이해를 잘하기 위한 다른 한 가지 방법은 학습 내용을 적절하게 분류해서 조직하는 학습전략입니다. 학습 내용을 조직해야 하는 이유는 우리의 뇌엔 정보를 조직해서 정리하려는 특성이 있기 때문입니다. 마인드맵을 그리는 이유이기도 합니다. 손으로 직접 그려서 만든 마인드맵과 알 마인드를 사용합니다.

다른 방법은 한 장에 정리해서 통째로 암기하는 방법을 추천해 드립니다. 교재를 한 장씩 넘기면서 암기하려고 하면 앞장에서 다루었던 내용을 기억할 수 없습니다. 암기와 이해를 돕기 위한 전제 조건이 정리부터 시작입니다. 〈한 눈에 정리하기〉라는 명칭을 붙이고 암기해야 할 내용들을 따로 정리해 둡니다. 종류를 나누어서 암기해야 할 내용들은 모두 표로 만들어 둡니다. 한눈에 볼 수 있게 표로 정리해 두고 암기를 하는 것이 분류해서 조직하는 학습전략 중 한 가지입니다.

복습만이 학습 내용을 지킬 수 있는 방패이다

인간은 망각의 동물입니다. 헤르만 에빙하우스의 「망각곡선」에 의하면 1시간만 지나도 기억의 약 50%가 사라진다고 합니다. 그리고 하루가 지나면 약 70% 이상이 사라지고, 한 달이 지나면 배운 내용이 거의 생각나지 않습니다. 무언가 대책을 세우지 않으면 공부한 보람 없이 아무것도 기억하지 못한다는 말입니다.

배운 것을 지키기 위한 가장 쉬운 방법이 있습니다. 바로 '복습'입니다. 수업 시간에 배운 내용을 다시 보면서 완전 학습을 해보는 것입니다. 예를 들면 그날 배운 내용은 그날 저녁에 복습하고, 주말에는 그 주에 배웠던 것을 총 복습합니다. 공부했던 내용을 반복해서 보다 보면 처음엔 보이지 않던 혹은 이해하지 못했던 내용이 더 명확하게 보이게 되니 장기 기억으로 저장됩니다.

복습을 도와드리기 위해 유튜브 채널을 개설해서 영상으로 단원 강의와 문제 풀이 강의를 진행하고 있습니다. 영상에 제시된 PPT 자료는 네이버 블로그에 수록해서 지면으로 같이 볼 수 있게 합니다. 개강을 하면 기수별로 카카오톡 단체톡방을 개설하고 단원 강의가 끝나는 날 저녁에 단체톡방에 복습 강의를 보내드립니다. 요양보호사 시험은 현재 1년에 4회를 실시하고 있습니다. 교육원에서 수업을 듣고 바로 시험에 응시하는 분들도 계시지만 시험응시까지 길게는 2개월 정도까지도 기다려야 하는 분들이 계십니다.

「망각곡선」에 의하면 종강 후 복습하지 않는 경우 학습 내용을 모두 잃어버릴 수 있습니다. 그래서 종강 후에도 복습을 이어갈 수 있도록 유튜브 채널과 네이버 블로그를 적극적으로 활용하고 있습니다.

복습은 수업을 진행하는 경우의 순서와 종강 후 순서가 다릅니다. 수업을 진행하면서 복습을 하는 경우에는 본 수업(표준교재)-유튜브 채널 및 블로그 정리내용을 확인하는 순서로 하며 목표는 개념을 완벽히 이해하는 것입니다.

종강이 된 후에는 문제집을 활용합니다. 단 개념이해가 잘 되어 있지 않은 상태에서는 문제집을 풀지 않습니다. 문제집을 통해 새로운 문제들을 많이 푼다고 해서 실력이 올라가진 않습니다. 어떤 문제를 풀어낼 수 있다는 것은 문제 해결 능력이 있다는 것을 뜻하고, 문제 해결 능력은 많은 문제를 풀어서 생기는 것이 아니라 문제에서 물어보는 개념들을 완전히 이해해야 나오는 것입니다. 문제 풀이 자체가 문제 해결 능력의 그릇을 키워주지 않는다는 것을 기억해야 합니다.

종강이 된 이후 개념이해가 부족한 경우 다시 표준교재와 유튜브 채널의 정리 영상으로 복습을 합니다. 그리고 개념이해가 되었다면 문제집을 활용해서 문제해결 능력을 점검해 봅니다. 문제집도 단원 문제를 먼저 풀어보셔야 합니다. 요양보호사 시험은 1교시 이론, 2교시 실기로 나누어져 있고 각각 60점 이상 취득이 되셔야 합격이 됩니다. 둘 중 한 과목이라도 60점 이하인 경우 불합격이 됩니다. 어느 단원이 부족한지 평가하기 위해서는 단원 문제를 풀고 부족한 부분을 채워주는 방식으로 접근해야 합니다. 단원 문제 다음에는 전체적인 모의고사 문제를 풀어보도록 합니다. 이렇게 문제집 활용법도 안내하면서 강의하고 있습니다.

복습은 횟수가 정해져 있지 않습니다. 몇 번을 복습하면 합격할 수 있냐고 물어보지만, 그 답은 제가 해 줄 수 없는 답입니다. 자신 스스로질문하고 답도 스스로 찾아야 합니다. 이것이 앞에서 말씀드린 메타인지입니다. 세 번을 해서 이해하는 사람이 있고 열 번을 해야 이해가 되는 사람으로 나누어져 있는 것뿐입니다. 저는 강사이지만 한 번으로 이해한 적은 없습니다. 그러니 배움을 시작한 수강생들도 한 번으로 되는 경우는 없다는 것만 기억한다면 복습은 이미 성공하신 것이라고 말하고 싶습니다.

개별 맞춤 학습이 필요하다

강의는 과외가 아닙니다. 소수를 대상으로 하는 수업이 아니다 보니 평균 수준으로 설명을 합니다. 내용이 어려워 이해가 안 되는 분들은 개별상담을 통해 보충수업을 진행하고 있습니다. 한 분이라도 놓치지 않고 모두 합격을 도와드리고 싶은 마음입니다. 도움을 요청하시는 분들에게는 시험지 분석을 통해서 부족한 단원을 점검하고 개별관리도 진행합니다. 숙제를 내드리기도 하고 개별적으로 복습 영상을 보내드리기도 합니다. 그리고 시험 보시기 일주일 전에는 유튜브 라이브 특강을 진행해서 시험 직전에 전체 복습을 하실 수 있도록 도와드리고 있습니다.

개별 맞춤 학습은 관심이자 사랑입니다. 제가 강의하는 수강생들은 선별 조건 없이 교육을 신청할 수 있습니다. 나이 제한도 학력 제한도 없습

192

니다. 젊은 나이에 도전하시는 분들보다 평균 50~60대 나이를 가지 신 분들이 도전하다 보니 시험의 문턱을 두려워하십니다. 용기를 내게 도와드리는 것이 우선이고, 부족한 부분을 채워드리는 것이 두 번째입니다. 선별시험을 통해 우수한 성적이 나온 학생들을 가르쳐 고득점을 내는 일은 누구나 할 수 있다고 생각합니다. 가장 어려운 일은 부진한 성적을 낸 학생을 우수한 성적으로 만들어 주는 일 아닐까요? 저는 실력 있는 강사가 되고 싶습니다.

나이가 젊어서 학력이 고학력이라 고득점이 나왔다는 말보다 나이가 많고, 학력이 좋지 않지만 열정적인 강사를 만나 합격이 되었습니다. 이런 말을 듣는 것이 진짜 실력자라는 것을 알기 때문입니다. 그래서 시작한 것이 개별 맞춤 학습입니다.

시험은 전략적으로 준비하는 것이다

시험은 실력을 확인하는 과정입니다. 시험에서 만점을 받는다고 현장에서도 일을 잘하는 사람이 된다는 보장은 없습니다. 그러나 시험을 보기 위해 노력했던 과정들이 현장에서 일을 잘하기 위한 실력이 되어 줄 것입니다. 부족한 부분을 채워내기 위해 공부할 시간을 만들고, 이해가 안 되는 부분을 이해하기 위해 노력했던 수고로움 들이 경험으로 만들어지기 때문입니다.

수고로움을 조금 덜어 드리고 싶은 마음에서 시작한 것이 시험 대비 전략입니다. 수강생으로 오신 분들의 평균나이가 50~60대이기 때문에 학교를 졸업한 이후 공부해 보신 분들이 거의 없습니다. 그만큼 시험이 부담되고 시험이 부담되니 공부하는 과정이 즐겁지 않습니다. 강의하는 동안에는 강의내용에만 집중할 수 있게 도와 드립니다. 종강 이후 시험대비 전략을 알려 드릴 테니 걱정은 내려놓으시라고 안심시켜 드리고 있습니다. 자신 있게 말을 하는 이유는 먼저 시험을 분석하고 전략을 세우고 있기 때문입니다.

공부법과 관련된 많은 책을 읽었고, 우리나라에서 명문대학이라고 일컫는 대학을 나온 분들이 운영하는 유튜브 채널을 구독했습니다. 그분들이 알려주는 비법들을 메모지에 적어가며 전략을 세우기 시작했습니다. 강의하는 과정에 적용할 수 있는 내용들과 종강 이후에 적용해야 할 부분들을 나누어 설명합니다. 종강 이후에는 시험에 응시하기 전까지 혼자 공부를 해야 하기 때문에 더 많은 전략이 필요합니다.

공부는 시간의 양과 반드시 비례하지 않습니다. 물론 적정한 시간을 투자해야겠지만 시간 대비 방법을 반드시 생각해야 합니다. 공부는 시간 X 방법이라는 공식이 성립되기 때문입니다. 아무리 시간을 많이 투자해도 방법이 잘못 되었다면 결과 값은 O입니다. 곱하기의 공식이거든요. 강의를 하며 양 날개가 펼쳐져서 비상할 수 있도록 계획을 합니다. 한쪽 날개는 현장에서 지식을 지혜로 사용하는 방법이며 나머지 한 쪽 날개는 시험에 합격할 방법입니다.

지금 설명은 후자에 적용해야 할 방법입니다.

첫 번째, 시험에 합격하기 위한 전략은 철저하게 출제자의 의도를 파악하는 것입니다. 요양보호사 시험은 표준교재 중심의 문제가 출제되기 때문에 가장 중요하게 체크해야 할 것이 교재에 기재 된 내용을 그대로 파악하는 것입니다. 주관적인 생각을 개입하는 순간 출제자의 의도도 정답도 빗나가게 됩니다. 교재에 어떻게 서술되어 있는지를 확인하는 것부터 시작입니다. 교재복습 만이 답입니다.

　두 번째, 기출문제를 분석해서 문제 유형을 파악하는 것입니다. 매회마다 문제는 달라질 수 있으나 유형이 크게 바뀌지는 않습니다. 시험이 끝나고 나면 국시원에서 제공하는 문제들을 다운받아 유형을 먼저 파악합니다. 파트별 출제되는 유형을 파악하고 교재에 기재해 두었다가 강의 시간에 전달합니다. 그리고 종강 날 모의고사 문제를 같이 풀면서 다시 한번 유형을 인지할 수 있도록 합니다.

　세 번째, 모의고사를 실시 한 결과 값으로 부족한 단원을 파악하는 것입니다. 상대평가가 아닌 절대 평가이고, 요양보호사 시험은 1교시 이론, 2교시 실기에서 각각 60점 이상의 평균이 되지 않으면 과락으로 불합격 처리가 됩니다. 부족한 부분을 보충하지 않으면 과락을 면하기 어렵습니다. 파트별로 부족한 부분을 점검하고 모의고사 문제에 표시해 둡니다. 그리고 종강 이후 부족한 파트를 집중적으로 공부할 수 있도록 안내합니다.

　세 가지 전략도 중요하지만 가장 중요한 것은 전략은 직접 실행할 수 있는 실행력입니다. 여러 번의 시행착오 끝에 결정한 것이 기수별로 단톡방에서 함께 공부하는 것입니다. 혼자 하는 것보다 같이 하고 있으면 서로의 응원을 통해 시너지가 발생합니다. 또 강사가 그 안에서 같이 있다는 것만으로도 어느 정도 힘을 실어드릴 수 있다고 생각했습니다.

　주차 별로 복습 내용을 단톡방에 올려드리고 의문이 있는 부분은 질문을 받고 있습니다. 공부는 본인이 하는 것이지만 실행할 수 있는 계기는 혼자 만들 때 보다 함께 만들 때 빨리 만들 수 있습니다. 사람이 하는 모든 일에는 마음이 서로를 움직이게도, 행동하게도 할 수 있다고 생각하는 저만의 방식입니다.

손님처럼 맞이하되 환대하라

손님을 맞이하는 일이 종종 있습니다. 수강생들을 만나는 일이 손님을 마주하는 일과 같습니다. 지금까지 만 14년을 강의하며 수많은 손님을 맞이하고 있습니다. 한 달 정도 수업을 진행하고 종강하는 수업이다 보니 한 달에 40명씩 1년이면 480명이고, 10년이면 4,800명입니다. 지금까지 만난 손님들이 대략 5,000명 정도입니다.

손님을 맞이하는 방법이 있습니다. 예를 들어보겠습니다. 가게에 옷을 사러 들른 경우입니다. 점원이 "안녕하세요?"라고 인사를 합니다. 인사를 하고 점원은 옆으로 와서 어떤 옷을 원하시는지, 어떤 스타일을 좋아하시는지, 지속해서 물으며 도움을 주고자 합니다. 또 다른 점원은 "안녕하세요?" 인사를 한 후 손님이 질문을 할 때까지 기다려 줍니다. 손님의 성향이 다르기 때문에 두 가지 중에서 어떤 방법이 좋다고는 말씀드릴 수 없습니다. 그러나 두 점원의 공통점이 하나 있습니다. "안녕하세요?"라는 첫 대면의 인사말이 같습니다.

개강하는 첫날 강단에 서서 저 역시 "안녕하세요?"라는 인사로 시작합니다. 그러나 인사를 하기 전에 반드시 기억하고자 하는 단어가 있습니다. 바로 "환대"입니다.

환대란 반갑게 맞아 정성껏 후하게 대접한다는 뜻을 가지고 있습니다. 그럼 어떻게 하는 것이 환대의 모습일까요? 환대를 정확히 알아야 계획도 세울 수 있습니다. 친정집에 애완견이 한 마리 있습니다. 이 애완견을 통해 환대의 모습을 보았습니다. 개는 충직을 대표하는 동물이고, 좋아하는 사람의 순위를 매긴다고 들었습니다. 친정집에 있는 애완견의 1순위는 친정아버지입니다.

아버지가 경비원으로 일하실 때였습니다. 24시간 일하시고 새벽에 퇴근 시간이 되면 모든 가족은 잠에서 깨어나지 못한 채 취침 중입니다. 그러나 애완견은 1순위인 아버지가 오시기 몇 분 전부터 기다리고 있습니다. 아버지가 문을 열고 들어오시자마자 아버지 다리를 붙들고 매달립니다. 미리 만남을 준비하고 기다리고 있다가 만남이 이루어지자 기쁘고 사랑하는 마음을 온몸으로 표현합니다.

환대의 기본은 만남을 준비하며 기다리고 있는 것입니다. 그래서 아주 많이 노력합니다. 가장 먼저 하는 것이 감정정리입니다. 반갑게 맞이하기처럼 어려운 일이 없다는 것을 알기 때문입니다. 기분이 좋을 때는 반갑게 인사하고 맞이할 수 있으나 기분이 좋지 않은 경우에는 반가운 감정이 줄어들 수 있기 때문입니다. 교육장에 들어가기 전에 안 좋은 감정이 있었다면 잠시 멈춤을 합니다. 명상까지 할 시간은 없지만, 강의 시작 전에 개인적인 감정으로 환대를 하는데 있어 방해가 되면 안 되니까요.

두 번째는 첫인상에 신경을 쓰고 있습니다. 개강 날 입는 옷은 따로 있습니다. 가지고 있는 옷 중에서 가장 단정한 옷을 입고 있습니다. 그리고 헤어스타일, 화장법, 악세서리 등등 사소한 것 같지만 강사 이미지에 맞게 준비하고 있습니다. 타고난 외모는 바꿀 수 없지만, 용모는 충분히 가꿀 수 있습니다. 첫인상보다 중요한 것은 참인상이라고 합니다. 만나면서 좋아지는 사람이 참 인상을 가진 사람입니다. 그러나 참 인상으로 가기 위해서는 첫인상이 좋아야 한다는 생각은 변함없습니다. 첫 인상에서 보여주는 아주 작은 노력이 참 인상을 이어갈 수 있는 시작이 되어주니까요.

세 번째는 표정, 몸의 동작과 자세입니다. 애완견이 반갑고 사랑하는 마음을 온몸으로 표현했습니다. 그만큼은 아니어도 "안녕하세요." 단어로만 하지는 않습니다. 코로나로 인해 마스크를 쓰고 강의하다 보니 눈으로 보내는 표정에 집중하게 됩니다. 경직된 자세보다 손동작과 간단한 몸의 움직임을 통해서 유연한 자세를 보여드리고 있습니다. 첫인사와 마무리 인사는 정중히 고개를 숙이고 인사합니다. 고개를 숙여 하는 인사안에는 만남에 대한 설렘과 이별에 대한 아쉬움을 가득 담습니다.

일대일 만남일 때 더 후하게 대접하라

첫 만남에서 반갑게 맞이하기가 되면 마음이 많이 열린다고 생각합니다. 마음이 열려있어야 다음 만남으로 이어질 수 있고, 후하게 대접하는 관계가 형성됩니다. 수강생들에게 일방적인 수업방식으로 강의를 진행하기 때문에 수업 시간에는 질문에 답을 할 시간이 많지 않습니다. 그래서 쉬는 시간을 이용해서 개별상담이 필요하신 분들과 따로 소통하고 있습니다.

강의실은 강사가 찾아가는 곳이지만, 상담실은 수강생들이 강사를 찾아오는 곳입니다.

학교에 다니던 학창시절에 고민을 상담하러 선생님을 찾아갔던 적이 있습니다. 그러나 아무 선생님에게 찾아가는 것이 아닙니다. 유일하게 찾아갔던 선생님은 어떤 이야기를 하더라고 들어주실 분이라는 믿음이 있는 분이었습니다. 그리고 교무실은 불편한 곳이었기에 불편함보다 선생님에 대한 믿음이 더 커야지만 그곳으로 들어갈 수 있었습니다. 강사를 믿고 신뢰하는 마음이 우선이라면 다음은 상담실의 문턱이 누구나 드나들수 있도록 낮아야 합니다.

"나는 병사들과 자주 어울려 술을 마셨다." 〈난중일기〉에 나오는 문장입니다. 이를 쓴 사람은 이순신 장군입니다. 이순신 장군은 한산도에 머무는 동안 '운주당' 이라는 개인 집무실 겸 독서 공간을 이용했습니다. 그곳에서 이순신 장군은 어떤 일을 도모했을까요? 참모진들과 자주 '대화'하고 '의논' 하였으며 '토론'도 즐겨 했다는 것을 미루어 짐작할 수 있습니다.

강의실 안에서 오고가는 이야기를 강사는 들을 수 없습니다. 이순신 장군이 운주당으로 병사부터 민간인 들을 불러들인 것처럼 상담이 필요하신 경우 언제든지 찾아오시라고 문턱을 낮추고 있습니다. 기수별 단체톡방을 개설한 이유이기도 합니다. 대면으로 찾아오기 어려우신 경우 톡방에서 1:1 상담을 진행할 수 있기 때문입니다. 문턱이 낮아지면서 개인적인 상담을 원해서 찾아오시기도 하지만 강의실에서 일어났던 불편함이나관계의 어려움을 해결하고자 찾아오시기도 합니다.

매달 개강하는 경우 반장과 총무를 선출해서 자치적으로 운영하게 합니다. 반장으로 선출이 되어 봉사하고 계신 분이 찾아오셨습니다. 카톡의일부 메시지를 보여 주시며 더 이상 반장을 할 수 없을 것 같다고 울먹이셨습니다. 무엇인가를 하자고 제안하셨는데 제안이 마음에 들지 않았던 몇 분이 비난하는 문자를 보내셨고, 그 문자가 상처가 되어 속상한 마음을 위로 받고자 오신 것입니다. 반장님이 찾아오지 않으셨다면 저는 강의실 안에서 일어난 상황을 알지 못했을 것입니다. 마음이 아파져 오신 반장님에 대한 위로와 격려를 먼저 해드렸습니다. 그리고 강의실에 들어가 이 상황과 관련된 강의를 했습니다.

반을 대표하는 반장을 자원하는 사람들은 많지 않습니다. 추천으로 반장이 지목되면 다른 분들은 빠르게 박수를 치고 추천인을 반장으로 선출합니다. 이번 반장님 또한 같은 경로로 선출이 되셨습니다. 반장이 제안한 활동이 마음에 들지 않을 수 있습니다. 사람마다 의견이 다 같을 수는 없으니까요. 그러나 큰 문제가 아닌 이상 함께 해주시는 것이 예의라고 생각합니다. 빠르게 손뼉을 치고 반장선출을 끝내려고 하셨던 모습을 돌아보셨으면 좋겠습니다.

반장의 제안에 동의할 수 없다면 반대하신 분들이 반장을 하겠다고 하셨어야 할 일입니다. 그러나 그런 용기를 내지 않으셨으니 적어도 비난의 이야기는 하지 않으셔야 합니다. 용기를 내지 못한 책임이라고 해야 할까요.

이 강의 후 반장님은 저에게 다시 찾아오셨고 속상한 마음이 조금은 위로가 되어 감사하다고 말씀하셨습니다. 그리고 오리엔테이션을 하는 날 위와 같은 경험을 사례로 만들어 반장선출에 대한 예의라는 내용으로 수강생들에게 전달합니다. 그 후 위와 같은 일은 아직 발생하지 않고 있습니다.

상담을 하는 것은 목적이 있습니다. 바로 변화하기 위해서 하는 것입니다. 고충이나 어려움은 언제나 생겨날 수 있습니다. 그러나 고충을 듣고 끝나는 것은 위로만 될 뿐 변화가 없습니다. 그 변화를 나타내기 위해서는 개선할 부분을 찾아보고 구체적인 방법을 생각해서 적용까지 해야 합니다. 저는 이 방법이 후하게 대접하는 것이라고 생각합니다. 상담을 통해 문제가 해결되었을 때 상담해주신 분을 신뢰할 수 있습니다. 후한 대접을 받으면 이야기하고 싶고 이야기를 들은 다른 분들도 상담하러 오고 싶은 발걸음을 재촉할 거니까요. 그 상담이 어떤 내용이든 상관없습니다. 어떤 손님은 후하게 대하고 어떤 손님은 박대하는 사람은 좋은 관계를 만들 수 없다는 사실을 알기 때문입니다.

인생의 롤러코스터는 한 번쯤 타도 됩니다

아침마다 기다리는 편지 한 통이 있습니다. 10년 가까이 받고 있는 이 편지는 고도원 선생님이 보내주시는 편지입니다. 고도원 선생님의 편지를 받으며 꼭 한번 뵙고 싶었고, 2015년 11월 28일 큰 딸아이 7살이 되던 해 '어린이 링컨체험학교' 1일 캠프를 다녀왔습니다. 그곳에서 고도원 선생님의 특강을 들었습니다.

I am Great!

You are Great!

We are Great!

함께 하는 사람의 가치에 대해서 생각해보게 되었습니다. 이런 삶을 만들기 위해서 필요한 것이 경험입니다. 경험이 점이 되고, 점을 이으면 선이 되고, 선을 이어 형체를 드러내는 모양을 만드는 것이니까요. 그러나 점들이 한 방향으로만 쭉 곧은 일직선이 아니라 굴곡이 있는 점일 때 이야기가 만들어집니다.

그때는 저점에 빠져 있는 상태여서 큰 굴곡 없이 살아가는 사람들이 마냥 부럽기만 했습니다. 이해는 했으나 가슴으로 받아들이지는 못했다는 증거입니다. 이 책을 집필하면서 비로소 굴곡 있는 인생이 어떤 이야기를 만들어 주는지 가슴으로 받아들여졌습니다.

저점에 머물러 있는 경험을 하나씩 꺼내어 용기, 사랑, 웃음, 희망, 감사와 같은 의미를 부여해서 선을 이었고, 선들이 모여 이 책 한 권의 모양을 만들어 냈습니다. 저점에 있을 때도 포기하지 않고 견딜 수 있게 해준 나만의 북극성이 있습니다. 길을 잃어도 방향까지 잃으면 안 되니까요. 그 방향은 나에게서 너로, 너에게서 우리로 가게 해준 나의 주님이십니다. 이 땅에 태어난 목적이 반드시 있을 것이고, 그 목적을 정확히 아는 분은 나를 만드신 한 분뿐입니다. 이 책이 또 어떻게 쓰임 받을지 저는 알 수 없습니다. 그러나 이 책을 쓰게 하신 분은 정확히 알고 계실 겁니다. 그 분을 신뢰하며 그분의 의도대로 이 책이 흘러가길 간절히 바래봅니다.

행복을 뜻하는 영어단어인 Happiness의 어원은 '발생한다.'는 의미의 'Happen' 이다. 이는 '행복은 발생하는 것이지 쟁취하는 것이 아니다.' 라는 사실입니다. 쟁취는 이미 만들어진 것을 힘들게 싸워서 내 것으로 만드는 것이고 발생은 없는 상태에서 새로운 것을 창조하는 것입니다.

창조하는 것 중에서 가장 행복한 창조가 해보고 싶은 것을 미리 경험하는 상상입니다. 다른 말로 ~해보는 척입니다.

그래서 어떤 척을 해야 가장 행복할까? 고민했고, 가장 행복한 척은 작가가 되는 것이었습니다.

"안녕하세요. 저는 너울이라는 필명을 쓰는 김옥수입니다. 이렇게 제가 저자 인터뷰를 할 수 있음에 감사를 드립니다. 제 인생에서 가장 이루고 싶었던 작가라는 이름을 제 삶의 그림에 넣을 수 있어서 행복합니다. 지금 이 자리까지 오는 여정 가운데 많은 도움을 주신 분들을 한 분씩 떠올려 봅니다. 아주 많은 분이 떠오르지만, 그 모든 분께 드리고 싶은 말은 하나입니다. 저를 사랑해 주셔서 감사합니다. 그 사랑 덕분에 제가 이 자리에 올 수 있었고, 그 사랑 덕분에 글이 써졌고, 이렇게 책 한 권이 만들어 졌습니다. 이제부터는 제 글에 담긴 사랑을 나누어 드리고 싶습니다. 한 조각씩 떼어 독자들의 삶에 행복 바람이 되어 전해지길 간절히 바래봅니다. 저에게 불어왔던 어떤 바람처럼."

저자 인터뷰를 하게 되는 날 이런 멘트를 하려고 했으나 유명인사가 아니어서 인터뷰를 할 수 있을지 모르겠습니다. 그러나 이 책에 담을 수 있어 다행입니다. 블로그를 통해 만나 저의 책을 기다리는 이웃 분들과 이 책을 읽게 될 또 다른 독자들에게 전하는 인사입니다. 한 줌의 영양분 속에서도 피어나는 꽃과 열매가 있듯이 볼품없는 글도 읽고 사랑해 주며 작가가 되기를 저만큼이나 바라고 계신 분들이 있습니다.

강경구 작가님, 하루님, 산디수님, 좋은인연모하님, 세라님, TKM님, 울림토끼님, 조방장님, 벨샘님, 왕초보N잡러님, 고슴도치님, Eil님, 국제최면심리상담사님, 비저너리J님, 미루기기술자님, 킴서니님, 밀들레씨님, 행복한꾸베씨님, 따구님, 넉넉하리라님, 풍대리님, 지구별여행자님, 나무와열대과일님, 떵북님, 미소천사님, 진주님, 마이분더님, 카라지나님, 피피티님, 투자워킹맘님, 인생업님, 시그마님, 꿈꾸는나라님, 동다님, 잔디박사님, ANNAGOLD님, 갓쑥님, 오분자기님, 들닥녀님, 난그대의 연예인님, 긴강한세상님, 지오반님, 야구광님, 인천청년방충망님, 고라님, 하루를 연종이님, 스마트세상님, 댓글 소통 없이도 글을 읽어주고 응원을 보내 주시는 블로그 모든 이웃님들, 그리고 이 모든 분들의 닉네임을 적을 수 있게 용기를 넣어주신 〈그렇게 작가가 된다〉의 저자 하랑 작가님께 감사드립니다.

블로그 이웃님들 중에서 조금은 특별한 두 분이 계십니다. 처음으로 자작 글을 쓰고 싶게 했고, 밀어 두었던 작가의 꿈을 꺼내게 도와준 이상환님, 너울별이 빛날 수 있게 어두운 밤하늘이 되어주고 계시는 분, 글 속에 숨겨둔 깊은 마음마저 헤아리며 응원하는 팬 중의 팬 박세웅님, 진심으로 감사합니다. 오늘도 보내주는 변함없는 응원 덕분에 포기하지 않고 여기까지 올 수 있었습니다.

언제나 너울과 함께라서 행복하다고 말해주는 소울메이트 김영미님, 책 쓰기 강좌를 안내해 준 차승욱 대표님, 글쓰기 스승이 되어주신 이창현 작가님, 초고를 검토하고 봐주신 황태옥 작가님, 간호사 강사로 첫 발을 내 디딜 기회를 주신 강미라 원장님, 언제나 기댈 언덕이 되어주시는 양아버지 이자 이백산 원장님, 유튜브 참사랑 TV 채널을 지속할 수 있게 댓글 응원을 보내주신 김올 시인이자 은주 선생님, 유튜브 열정 팬이자 신비로운 팬으로 남겠다는 전원주택님, 강사이면서 유튜브 강의를 들어주는 든든한 팬인 쏭피님, 인스타그램에서 만난 또 다른 강사 이향재 선생님, 유일한 나의 간호대학 동기이자 친구가 되어 준 김영미님, 기도로 함께 응원해 주신 김희영 권사님, 최인영집사님, 김동현 목사님, 성정자 사모님, 가장 힘든 시절 든든한 언니처럼 지켜주신 신영숙님, 아침마다 편지로 삶의 멘토가 되어주신 고도원선생님,

"엄마는 꼭 멋진 작가가 될 거야."라며 응원해준 2호 손하율, "우리엄마는 김작가에요."라고 외쳐주는 3호 손하영, 새벽까지 옆을 지키며 같이 공부해준 1호 손하은, "당신은 꼭 잘 될 거야."라고 든든히 지켜주는 신랑 손영훈, 항상 기도로 응원해 주시는 시어머님, 큰딸이라 묵묵히 믿고 계신 아버지, 하늘나라에서 "우리 손녀딸, 최고다." 라고 외쳐주실 나를 키워주신 할머니에게 고맙다는 말을 전하고 싶습니다. 간호대학에 가기 싫다고 울며 떼를 쓸 때 단호하게 간호대학이 아니면 안 된다던 엄마, 혼전임신이라는 두려움을 온전히 감당해준 엄마, "낳아줘서 고맙습니다. 엄마 딸로 살아가게 해주셔서 감사합니다." 그리고 누구보다 이 책을 쓸 기회를 주신 출판사에 정말 감사합니다. 마지막으로 꼭 인사하고 싶은 분이 있습니다. 이 모든 과정을 함께 하시고 앞으로도 함께 하실 나의 주님, 모든 영광은 주님께 바칩니다. 사랑합니다.

오늘도 나만의 궤도를 그리며 당당히 걸어갑니다.
김옥수(너울)